优秀的人
如何保持优秀

郑和生 ◎ 著

吉林出版集团股份有限公司

图书在版编目（CIP）数据

优秀的人如何保持优秀 / 郑和生著. — 长春：吉林出版集团
股份有限公司, 2018.7

ISBN 978-7-5581-5219-1

Ⅰ.①优… Ⅱ.①郑… Ⅲ.①心理交往 – 通俗读物
Ⅳ.①C912.1–49

中国版本图书馆CIP数据核字（2018）第134142号

优秀的人如何保持优秀

著　　者	郑和生	
责任编辑	王　平　史俊南	
开　　本	710mm×1000mm　1/16	
字　　数	260千字	
印　　张	18	
版　　次	2018年8月第1版	
印　　次	2018年8月第1次印刷	

出　　版 吉林出版集团股份有限公司

电　　话 总编办：010-63109269

发行部：010-67208886

印　　刷 三河市天润建兴印务有限公司

ISBN 978-7-5581-5219-1　　　　　　　　定价：45.00元

CONTENTS 目录

第一章　掌握说话的分寸

第二章　让你的话多一些分量

CONTENTS 目录

第三章　越是优秀的人越能把控说话时的情绪

第四章　该说时说，不该说时就沉默

CONTENTS 目录

第五章　让你的话多一份真诚

01

掌握说话
的分寸

别人在说话时，
请自觉闭嘴

[1]

今年的生日，我是在工作中度过的。上午在公司加班开会，商讨新的广告案，中午赶往电台录下一周的六档节目，傍晚又回到公司改文章，做最终企划，等到忙完才注意时间已经过了凌晨。打开手机看到许多未接来电和信息，很多朋友发来生日的祝福，这时我才察觉，这一年的生日就在这样与平日无异的忙碌中，过去了。

公司空荡荡的，没有人，只有我办公室的灯还亮着。长时间坐在电脑前肩膀酸疼，站起来的时候浑身骨头嘎嘣嘎嘣响，没有吃晚饭也不觉得饿，倒一杯水，站在办公室21层的落地窗前向下望，这个时候，自己的心里是不同往日般的平静。

整座城市都睡了，窗外远处的霓虹灯已经熄灭，只剩下星星点点的路灯在照亮夜归人的道路，世界安静得像是没有小朋友的幼儿园。但依然有人隐藏在这寂静的深处，放肆地哭，放肆地笑，也有人会和我一样，在浓雾一般的夜色里，平静地望着这个仿佛与自己无关的世界，心里有一片化不开的深情。

人是很奇怪的动物，心情经常会随着周围环境或天气的不同而变化，比如晴天时会觉得开心，阴天会容易伤感，有阳光时会活泼好动乐此不疲，在夜晚时就会感觉孤独寂寞冷冷清清。

　　我就是如此，有时在周末的上午慢慢醒来，如果阳光通过厚重的窗帘透出来，心情就会很好，愉快地起床，清扫家里，写文字看书。但如果是阴天，就会懊恼地把被子拉过头顶，一整天都可能赖在床上。这些在我们看来平常的事情，仿佛是内心的小把戏，用来蒙蔽自己，或是为一些行为找到一个适当的理由。

　　就像此时此刻，夜晚的路灯将黑暗戳出一个口子，照亮了很小的范围，有人顺着光走去，但不久就会重新陷入黑暗，我看着那些反反复复的光影，不禁哑然失笑，这种矫情的细微察觉，像极了我们心情的起伏。那些黑暗，只有在遇到了下一个路灯，或者偶尔有一阵风吹来，才会漂浮不定，起起伏伏。

　　在生日已经过去的这个凌晨，我有一种豁然开朗的感觉，独自站在办公室俯视黑夜中的这座城市，和白天是完全不同的感觉。白天会觉得城市在脚下，或者无法融入这里，而到了夜晚，更多的感觉是城市就在心里，它犹如鬼魅一般刺破阻碍，伴着你生，伴着你死，伴着你到来，伴着你消失。

　　我曾经想象自己像现在这样站在这里，但此情此景，我却没有想象中那般骄傲或是激动，因为我知道，无论在梦里在路上，总有一个时刻要醒来，也总有黎明在等待。

　　无论是一片坦途的光明，还是绝望寂静的黑暗，人总是不断向前走，你想到达到明天，那么此刻就不要停下脚步。

[2]

　　前几日在群里和几位朋友聊天，说到一些内心的话题，大家打趣说：远近就是一副心理医生的做派啊，内心好强大。我在电脑这头笑了，这个世界上哪里有生来就强大的人，一切的一切不过是成长之后的领悟。我开玩笑告诉他们："没办法啊，这都是让社会逼出来的。大家深以为然。"

曾经我也做过许多荒唐的事情，为了让别人记住，为了和别人不一样，穿奇装异服，染奇怪颜色的头发，写不是自己想说但很特殊的文章，我一次又一次塑造着并非本意但却不同的自己。如今我才懂得，真正改变自己的，或是所谓与别人不同的，并非是那些刻意为之的做作，而是这个世界给予自己的艰难。

初中做社会实践课，被安排在街头卖报纸，隆冬时节骑车去郊外的工厂搬运，然后拉到街头叫卖，一块钱一份，买三份送一包牛奶。已经忘记摔了多少跟头，也忘记那时到底有多少辛苦，只记得那些来往行人异样的目光，还有就算是厚重大衣也无法遮住的寒冷，通红的鼻子和裂开的手背。晚上回家冷得说不出话，写实践日记时忍住不让眼泪流下来。

大二时参加各种兼职，做了许多工作，各种各样奇怪的工种我都愿意尝试，在电器城外推销冰箱，举着旗子顺着街道展示新款手机，在各个路口给行人塞广告传单。很多同学都诧异我为什么要做这样辛苦的工作，赚不到多少钱，也没有实际的工作经验，我都只是笑笑说，提早感受一下生活的艰难，才能知道以后的路要怎么走才会轻松。

大三开始在一家著名的传媒公司做兼职策划，现在电视上非常火热的一档娱乐节目，就是我曾经策划的雏形，熬夜写栏目策划，安排通告，给正式的员工跑腿买东西，做各种琐事……领导夸我办事认真又勤奋，我最初得意扬扬，但渐渐地我闻到了空气里变质的气味，而当我最终被排挤离开公司时，我清晰地听到了身后放肆夸张的笑声，也清晰地听到了自己咬牙切齿的声音。

也曾经给一个摄影师做第二助理，深冬的夜晚陪他去酒店参加酒会，我穿着当时最好的衣服，却被他嫌弃地丢在酒店门口不让进去，我就在寒风中最显眼的位置等了四个小时，没有带钱，穿得单薄，冷得浑身发抖。后来同行的第一助理看我可怜，花了十三块钱给我买了一份牛腩盖饭，叮嘱我趁热吃。我蹲在酒店旁边的花池旁，就着冷风一口一口吃光了已经变凉的那顿晚饭。

　　毕业时有一份很好的工作机会，在一家杂志社做市场执行，起薪5000元，在我的同学还没有找到工作或者薪资只有2000元时，我已经把他们甩在了后面。我把它看作是对这几年大学辛苦兼职的报答，一路过关斩将过了三试，人事部已经通知我周一上班。我在上班前一天高兴地请同学吃饭，就在大家觥筹交错间我接到电话，通知我不用来了，已经有人替代了我。那个时候，我清晰地听到了心里"咯噔"一声。

　　那时我百思不得其解，匆匆赶往公司，求着见随便一个负责人都好，可是前台的姐姐正眼都不看我就把我轰了出来。市场部的总监不忍心偷偷出来见我，在建外SOHO楼下请我喝咖啡，跟我说了很多事情，包括我的工作。最后她说："你还是太年轻了，不谙世事，替代你的是公司最大投资老板的女儿，你又怎么能扛得过她？"那时的我听到这样的话，痛恨自己的无能，更痛恨这个世界的不公平。

　　工作一年后的我被上海一家传媒公司挖去。跳槽过去工作顺利，人际关系也不错，但后来主编找我谈话，说愿意给我机会让我去更大的地方发展。我当时信以为真，可后来我才知道主编已经在人前人后说尽了我的坏话，说我欺瞒公司接私活，说我随便要求涨薪资，说了那么多我从未做过的事情。当时我们许多共同的好友从此和我断绝了来往，有部分人后来和我化解了误会，而有一些，却带着这样深深的误解，从此远离了我的生活。

　　还有很多难以启齿的往事，那些都是我几乎不再提及的过往。在这样一个初春的子夜时分，在这个瞬间，在这座城市隐秘在黑暗中时，它们仿佛死而复生，点燃了我心里最后的一点不堪。

　　我曾经不断安慰自己，那些我们所经受的痛，都来源于我们深深的爱。有人感谢苦难伴随前行，因为它让你成长，让你变得坚强。但是，曾经的艰难却更多地让我不断看清自己，有些事你当时遇到，未必会明白它的含义，只有在心里长久发酵后，才会呈现不同的模样，一再地提醒自己。

我们的一天天，就这么矛盾而复杂地过来了。曾经，父亲对我说，你的人生可以选择，但你的内心不能改变，世界的一切也要接受。于是我学会了不去选择而去接受，在以前尚且年幼的时光里，我把它叫作世界或者是天地，而在经历世事蜕变之后，当那些艰难让自己变得坚不可摧之后，我叫它——人间。

所谓的人间烟火，就是这样一个可以时而温暖时而冷漠的词语；所谓的人间，就是这样时而光明时而黑暗的时刻。

是的。它们附着在我们身体的周围，缱绻而来。

[3]

有朋友曾经愤愤地问我："有人误解你为什么不去解释？本属于你的东西被别人夺走为什么不去抢回来？你是傻子吗？"

也有朋友问我："为什么我努力了那么多，却没有人知道？为什么我做了那么多事情，却总有人不满意，我到底是哪里做得不够好？"

曾经我也是这样，我也羡慕别人的拥有，我也觉得自己不被理解，我也在乎别人的眼光，我也尝试去报复和怨恨，我也会对自己说他算个什么东西，我也会用尽全力去证明我也可以。

有人诋毁我就言辞激烈去辩驳，有人误解我就气急败坏去解释，有人不喜欢我就去质问到底为什么，有人辱骂我就用更加恶毒的语言去回敬。我努力过，放弃过。我也有许多黑暗的心理和情绪，也曾在心里记恨一个人，也会恶毒诅咒这个社会，也会在高压力下无力。我的确做过许多现在看来无法理解的事情。

没错，我曾经活生生把自己变成了自己最讨厌的那种人。

这没有什么不敢承认的，我只有承认了过去不完美的自己，才能走向更加好的自我。一位前辈后来告诉我，不要这么着急，去学学心理学，看看佛经，读读古书，让自己平和下来，带着锋芒去行走，会刺痛别人和自己，只有收敛起自己，才能发光。

在不断学习、往内心探寻和自省之后，我终于明白，这个世界不会因为你的付出就必须给予回报，也不会因为你以怎样的方式对待别人，就要求他人同等对待你。人活在这世上，最难的就是保持一份谦卑和平和，而这份谦卑，来源于内心的真诚和踏实的努力。

所以，不要试图去解释这个世界上任何的误解和扭曲，存在的都是真理。任何人的成功，都不是虚头，他们一定付出了你没有想到的努力和代价，才华、机遇、运气、努力、外貌，甚至是不光彩的事情，都是存在，没什么值得怀疑。

每个人都不是你所看到的那个样子，他们都是这样，一边是长着翅膀纯洁善良的天使，一边是拿着夜叉面目狰狞的恶魔。他们心中的脆弱和胆小，他们不想承认的虚荣和懦弱，都躲在了那些光鲜之下。他们也有潦倒的时候，他们也看过人间的疾苦，他们也会在选择前犹豫，他们也曾愚蠢地放弃机会，他们也在对自己的下属横眉冷对时，突然想起曾经也有人这样对待过自己。

这么多年过去了，我过上了自己想要的生活，在别人看来已经春风得意的自己，更要承认自我的卑微和浅薄，更要直面曾经自己的不堪。只有当你看到黑暗，努力冲破它，才会进入新天新地，发现不一样的自己。

这个世界本就邋遢，所以没有什么可怕，每个人都有无法发泄的苦涩，都有无力排解的抑郁，而生活在这里的我们，哪一个不是拼尽全力，甚至不择手段地活着？

这些年，我已经逐渐学会接受，接受意外，接受变故，接受误解，接受努力却暂时得不到回报，接受这个世界的残忍，接受我们身上的那些残缺。我们无法改变这个世界，但我依然选择不妥协，我还是让自己努力去爱，去为自己心中所想不顾一切。因为只有这样，我才能感觉真实，会快乐一些。

如果生命把本属于我的东西拿走，一定是认为我还没有足够的资格拥有它；如果有人会因为流言蜚语误解和诽谤自己，那么这样的人远离也是好事。是我的，终归是我的，不是我的，再去争取也会灰飞烟灭。何必呢，还是默默在角落做好一个旁观者，顺其自然，随遇而安，好好过自己的生活。

如果生活伤害了你，也不要灰心，人生必经的道路必定是多磨难，但我们依然要按照自己的方式去经历、去感受、去接纳，为它曾经给予我们的那份优厚，为它曾经给予的泪水和温暖。

《开头与结尾》里写道：真实人生中，我们往往在大势已定无可更改时才迟迟进场，却又在胜败未分的混沌中提早离席。是啊，一切尚未尘埃落定成败不明，你又为什么心甘情愿做那个放弃的迷失者？

曾经我怀疑过，痛苦过，犹豫过。而现在，我选择原谅曾经，原谅了过去的自己，我学会把这一切，当作成长。

懂的人始终都会懂，不懂的始终都会误会。这是我对朋友最后说的话。

[4]

当走过了曾经隐忍的年月再回首时，我才发现，曾经觉得难以启齿的往事，都不过是沧海一粟。生命给予我的，不是那些艰难，而是成长，是学会举重若轻，是将曾经无法释怀的那些过往，统统放下。

你要相信，你生命里遇到的每个人每件事，都有它的价值和意义。有些人教会你爱，有些事教会你成长，哪怕只是浅浅地在你的路途中留下印记，也是一笔难能可贵的财富。至少在曾经某个时刻，你明白了生活，你懂得了自己。

这个世界如此热闹，网络上无数人轮番轰炸，有人爱发图，有人爱段子，有人爱吐槽，有人爱自拍，他们活得热闹光彩，但也会有人和我一样，顺着自己生命的姿态在默默成长。他们或许与这个世界格格不入，他们或许不再接受关注，但请你记住，他们和你一样，都拥有向上的力量。

在我不同的成长阶段，我对努力所到达到的高峰有不同的答案，现在我觉得，我们通过努力，是为了让人真切感受到你的真诚，并且给予这份真诚一个默许的认可。而更为重要的是通过努力，不让这个世界改变你的初心。人越长大，初心就显得格外珍贵。此时此刻，做这个世界里一个背光的人，是我想做的。

有人说要做一道光，有人说要面对光，但我却想做一个背光的人。自己如果发光，会照亮他人，但也会不小心迷失自己。如果面光而行，会灿烂光明，但也会因为耀眼而看不清前方的道路。只有背对着光，才能够看清这个世界，才能把得失成败看透，才能看懂自己真正想要的是什么。

我想起现在很火热的一句话：这样的努力，是因为不想和大多数人一样。这样的正能量凸显出个体的存在和特别。但我却不是这样的看法。我对朋友说，我之所以今天努力，是为了和曾经的自己一样。

曾经的自己拼尽全力在路上，为了自己心中的梦想而活；曾经的自己咬紧牙关勇敢坚强，为了自己所想的生活而活。而我今天的继续远行，是为了不辜负曾经的自己，是为了做和曾经一样努力的自己，是为了对得起曾经的那份隐忍和坚持。

这个世界，什么都可以安排，唯独你的心不可。这个世界失去谁都不可怕不要紧，唯独失去了你自己最可怕。以后还有很漫长很漫长的道路，都要一个人走完，都是靠自己，凭借自己的能力去完成。这条道路，故事是昨天的瞬间，沿着长长的路，恍然如梦，到永远。

如果开始没有认真考虑如何走下去，那么就继续顺着内心的道路，做那个对自己慷慨义无反顾的流浪者，让每一个想扮演自己的人，都尽兴。

这座城市已经渐渐苏醒，白光占据了城市里每一个角落，没有人会想到在曾经的黑暗里，有人写下一些话语，告别了曾经的时光，也有人在无人的黑暗中满怀一颗感恩的心。这个世界，总有人以你没有想过的方式活着，也总有人为了自我的成长背光而行。

一个难得晴朗的清晨，工作了一夜的我开车走在回家的路上，无数人正在上班的途中。他们和曾经的我无异，也和现在的我相同，他们上班的路那么拥堵，而我背道而驰，却难得的顺畅。我挤过人群，我留下空白，我为自己的未来填补出不同的色彩。我在自己生日的第二天，在新的纪年里，默默告诉自己，要做一个依然有担当的人。

这份担当在今日又化为了空白的信笺，要写下什么，留下什么，请自便，请随意。但别忘记，别把一切想得都特别的不得了，别以为所有的目光都聚在你身上，别用你的尺子去衡量这世界，这样你会觉得生活也挺好。

我想起了曾经做过的一个广告文案，在最后送给看到这里的你：永远不要忘记自己出发时的决心，也不要忘记曾经这时节里的每一个自己，要做不忘初心内心安静的自己——

这个时代，每个人都在大声说话，每个人都在争分夺秒。我们用最快的速度站上高度，但是也在瞬间失去态度，当喇叭声遮盖了引擎声，我们早已忘记，谦谦之道才是君子之道。你问我这个时代需要什么，在别人喧嚣的时候安静，在众人安静的时候发声。

不喧哗，自有声。

[理解复杂，
选择简单]

昨天我和在央企工作的同学吃饭，她大倒苦水。

没颜值，没关系，没手段的一无所有小姐，自从入职的那一天起，就活在办公室政治的底层。

她办公室三个人，小有关系的郭姐，超有背景的白富美，和一无所有的她。

她日常的工作在一种很尴尬的气氛中开展。郭姐常常会直接跑到白富美小姐面前说："哎，亲爱的，你没吃饭吧，咱俩吃饭去吧！"要么就是，"亲爱的，你看我在淘宝买的大围巾，尼泊尔手工的！你这么白，戴上比我好看，我也给你买了一条！"

同在办公室里面的一无所有小姐，在这种情况下，被熟视无睹。

办公室里就三个人，她们看不见她的存在吗？郭姐就不能情商高、体贴人，像是志玲姐姐那样说一句：你饿不饿，一起去吃饭好不好？

郭姐和白富美小姐完全可以，可是她们用不着。

因为她们打心眼里，就没有把一无所有小姐放在心上。

为什么？因为一无所有小姐不重要。

这个世界上，没有绝对的情商低的人，只不过因为这个人情商高的对象不是你。

央企郭姐，她情商很高啊。她在分公司上班，领导要去总公司开会，提前一天就给自己在总公司办公室的老公打电话："张总要去总公司开会啦，给安排车位啊！"

第二天还要定闹钟，记事本上写上：大Boss要到总公司开会，打电话向物业确认再三。

讲真的，我从未见过情商如此高之人。

徐志摩怎么样？高情商暖男一枚吧，"不求你爱我，只求在我最美的年华里，遇到你。"徐大才子的原话，靠才华为自己加戏，爱不爱，服不服？

但是徐志摩要跟自己的原配夫人离婚，他说了什么？

徐志摩："我要和你离婚。"

张幼仪："我不离，我怀孕了！"

徐志摩："那去打胎啊。"

张幼仪："打胎会死人的。"

徐志摩："坐火车还死人呢，难道你就不坐火车了？"

张幼仪："……"

这本来就是一个薄情的世界。又因为有些人飘忽不定的情商，看碟下菜的嘴脸，对上"跪舔"，对下"黑脸"的行为，更加艰难。

怎么办？

要么，一笑置之。

人微言轻，自古以来都是如此。大多数人都对这样的压迫表示淡定与漠视。

以卵击石很爽，但是对于怂的不行的我们来说，没有人想去做那个以卵击石的鸡蛋。

那样的粉身碎骨太惨烈，惨烈到会让石头幸灾乐祸，在梦中都能笑醒。

要么，努力强大。

辜鸿铭，民国国学大师，精通英文、法文、德文和拉丁文，这几国外语都厉害到能用来文明地骂人的地步。

林语堂，用英文写作在美国成为畅销书作家，性感女神玛丽莲·梦露是他的小粉丝。他说，论英语水平，中国人当中他只服辜鸿铭。

辜鸿铭当时接受了新思想，把大辫子给剪了。后来觉得要表示自己对于中国文化深沉的爱，又把辫子留了起来。

走到路上因为留着辫子被外国小孩用英语耿直嘲笑，以为他听不懂。辜鸿铭秒懂，英语回敬。

两个小孩吓了一跳，心生一计，用法语骂你你总听不懂了吧？

结果辜鸿铭又秒懂，用法语教训了小屁孩儿一顿，熊孩子吓得就直接服了。

中国有一句话，叫作——

看山是山，看水是水。

再厉害一点，看山不是山，看水不是水。

最高的境界，看山还是山，看水还是水。

这句话的本意，在此我不细表。

但是引申的含义，我理解的是，就是当你不够强大的时候，你会发现这个世界上有太多情商低的人了。而且是花式向你"秀下限"，你简直怀疑，生活的是地狱还是人间。

当你强大的时候，你会发现情商低的人没有那么多了。从弱小到强大一点一点地"咸鱼翻身"，发现这个世界除了同行之外，还是有很多真善美的，假丑恶都是这个世界的非主流，终将被消灭的。

当你又进入到了一个境界，到了"看山还是山，看水还是水"的境界，你会发现，情商低的人还是那么多，情商高的人也还是那么多，他们就在那里，不来不去，不增不减。

唯一改变的是你的心态，你的高度。

而且再低的情商也不会让你难堪，你对他们只有悲悯；再高的情商也不会让你欢喜，因为你知道一切都是梦幻泡影，而外界的评价和对待，不会再对你的世界造成任何打扰。

所以有一次我看一个综艺节目，导师是冯小刚、郭德纲和成龙。一个做武行的小演员，他演的并不是很好，但是成龙还是让他通过了。郭德纲评价说："孩子，这次让你通过不是因为你有多优秀，你的表演就我这个外行来看，也和专业的有差距，和成家班有差距。但是成龙导师让你通过，是因为他小时候吃过苦，他感念你不容易。"

所以我们奋斗的最高目标就是成为一个性情中人。年轻的时候被有些人虐，是我们的必经之路，必吃之苦。

但也正是因为这些路和苦，让我们"打怪升级"，积攒经验值。

你不能要求别人的情商有多高，但你唯一可以做到的是，不被他们所打倒，以及不要以你曾经所无比鄙视的相同的方式，对待来人。

我理解那些对上"跪舔"，对下"黑脸"的套路，但是我拒绝成为这样的人。

真正成熟的人生，就是理解复杂，选择简单。

不是所有的话 我们都要说出口

所谓护心镜，不只护己，更护住了那些我们所爱的人。

[1]

在去旅行的飞机上偶遇了一对台湾的夫妇。他们坐在身边，旅途很长，但那一路我都无法安眠。因为他们一直在争吵——确切地说，只有那位太太在喋喋不休。

我听了半天终于明白了个大概：出门的时候先生把钥匙给了家里的钟点工人，请她定期去打扫。太太知道以后就非常愤怒，一直在教训先生，说他丝毫没有防范意识。如果那位工人趁他们旅行的时候搬空家里财产该怎么办？如果工人把外人带到家里来过夜该怎么办？他这样做存心是让自己一路都不安心，自己怎么会跟这样的人过了一辈子……太太语速很快，声音洪亮，重复着几乎一样的话，且丝毫不显疲惫。

我起初听得有趣，后来便心生烦躁，最后干脆拿耳塞塞住耳朵，却依然有她的声音断断续续传进来，让人几乎忍无可忍。

然而奇妙的是，那位被骂的先生却始终悠然地靠在椅背上一言不发，偶尔喝杯水，甚至顺手为太太倒上一杯为她润喉——简直是恶劣的纵容。

趁她去上卫生间，总算可以"中场休息"。我实在按捺不住，摘下耳塞，向先生问出自己的困惑。

"不好意思，也许这是你们的事情，但……为什么您可以忍耐那么久的指责都不回应一声呢？""不好意思的应该是我们，真的打扰了。"先生颔首致歉。"但是如果我回应了，她会更加生气。唯有沉默，是阻止一切变得更坏的唯一办法。""沉默并不能解决问题。""但沉默起码不会激化问题，并可以缓解问题——其实这个世界上并没有能够完全解决的问题，能够缓解，已是不易。"我很好奇他对于沉默的看法："沉默对于您来说，是武器吗？"先生微微沉吟""不，它是防御，是'护心镜'。"

"为什么？"

"它护住我的心不受伤害，这样永不致命，在我可以承受的范围内。然而，它也不比盔甲那么坚硬，不会反弹那些接近我心的人。他们对我很重要，我不忍心让他们受伤。"

[2]

另外一个故事发生在巴伐利亚。那年四月我一个人旅行到班贝格，正是草长莺飞的季节，小镇上有一间小别墅吸引了我的注意力。别墅并不大，但是外墙上爬满了盛开的白蔷薇，非常美丽。一位满头银发的老人正站在梯子上，认真修剪着蔷薇的枝叶。这时他身边的一扇窗子忽然打开了，一位老妇人探出头来。与这风景不太和谐的是，她表情焦躁，语速奇快地冲老人大吼大叫着，虽然说的是德语听不太懂，但还是可以感受到她的强烈不满。站在梯子上的老人聆听着老妇人的吵闹，手下却未变，依然慢慢地修剪着枝叶，保持着优雅的沉默。直到吵闹完毕，他也停了停。忽然，他剪下了一朵身边开得最盛的白蔷薇，然后露出一个微笑，顺手拈起它递向了窗口的老妇人。那天下午的阳光很好，暖融融地晒在身上。然而那一刻老妇人脸上突如其来绽放的笑容，却比整个巴伐利亚州全部的阳光总和还要灿烂。那是我见过最动人的沉默。每一次回忆起来，还带着白蔷薇的淡淡芳香。沉默可以应对一切，带着微笑与爱的沉默则更胜一筹，在应对的基础上，它可以治愈一切。

[3]

优质的沉默是一场漂亮的太极，给自己冷静思索的时间，同时将问题抛回给提问者，不失风度，以柔克刚。"祸从口出"和"说多错多"并不是危言耸听。在某种意义上，保持缄默的确是一种低调的品德。

在我刚刚毕业、开始工作的时候，公司常常开会。我和另外几个新来的实习生总是会议上最踊跃的几个，积极发言，若是一时轮不上自己开口还急得要命，趁对方喘息的时间赶紧插进去大声阐述自己的观点。

领导自然是肯定的，笑着说年轻人有斗志有激情啊，新的想法是好事，要鼓励要支持。老同事也连声称是，说他们老了跟不上时代了，土埋半截了，让我们一定要有话直说，这样可以改进他们的工作，促进集体的进步。于是我们也颇为沾沾自喜，觉得浑身充满了使命感与荣耀感，更加卖力地发光发热。

戳破美好理想的转折点发生在转正时——我们几个人居然统统都没有通过转正，反倒是那个平时沉默寡言的男生居然全票通过。我们又惊讶又不服，集体找到人事部，无果。

最后只好灰溜溜走了，落下身后一个巨大的问号。

后来工作的时间久了，常常反省自身，也就渐渐揣摩出了一些当初失败的原因。

领导并不一定喜欢多话的人。多话意味着冒失、张扬、不稳妥。在没有深思熟虑后就贸然讲出的观点，绝大多数并不能有力地说服他人，自然更无法让领导采纳。"不予采纳"的次数多了，消耗了发言者的"信用度"，这位员工也就成了领导潜意识里的"失信人"，离"失宠"也就不远了。

同事也不喜欢多话的人，在他们看来，多话意味着出风头、抢业务，可能威胁自己擅长的领域。如果再有触及实际利益的方面，隐藏的敌对情绪就一触即发。

说者无意，听者有心，不是每一句话都会激起矛盾，但职场中说错的话往往成为危险的伏笔，不知在什么时候被拎出来，放大、演绎，进而变成致命伤。在一个相对复杂的大环境中，遇见棘手问题时，"万言万当不如一默"，它适用于所有不善于人际交流的人——不会说话没关系，不说话总会吧？

他人之事不容置喙，观棋不语方为君子。

当然，不多话不等于不说话，更不是自扫门前雪。而是要谋定而后动，三思而后行，考虑周全后再行开口，每一句都是画龙点睛，才让自己的每一次开口都变得有价值。

[4]

今年公司又招了几个实习生，开会时他们叽叽喳喳异常兴奋，每个人都摩拳擦掌准备在会议上展示一番。我看着他们年轻朝气、争论不休的模样，忍不住微笑。

一个小女生看到了，好奇地凑过来问我在笑什么。

我笑着摇了摇头。

我是不会对他们讲护心镜的故事的。

因为，人总要亲自把心捧出来。枪林弹雨、风霜雨雪，走上一遭。待到千疮百孔时才知道疼痛难忍，才懂得生活残酷，才会主动去寻找那一面护人护己的护心镜。

当你终于沉默，成熟才刚刚开始。

学会恰到好处的 沉默

承认吧，那些懂得恰到好处的沉默而且说话令人如沐春风的人，往往更受欢迎。

[1]

今天在微信群聊天的时候，一位朋友说起他在某大学读书。

另一位朋友则回复道：你这大学我去过，听说那里的导师品格有问题。虽然环境优雅，但是到处都充满了不好的气息。

当我们都选择性无视这段回复时，这个朋友却复制粘贴连发几次，生怕我们没看到。

虽然这位朋友是心直口快，没有太多恶意。却是让群里不少人都觉得不愉快，场面十分尴尬。

——你为什么要一棒子打死所有人？

——你这话我们没法接，还会不会聊天了？

——你把聊天聊死了。

承认吧，我们总是会不满甚至厌恶，当一个气氛融洽的聊天被不合时宜的话语给搅和了。假如这样的话语喋喋不休，我们的不满可能还会化为愤怒。

每当出现这样的情况，我们自然会认为，那个说话不合时宜、不懂得适可而止的人是一个没有教养的人。

我们愿意去尊重别人表达自己的态度，但这种尊重是建立在互相理解和包容之上的，而这样的理解和包容并不是对无理也要辩三分的一味退让。

那个不叫表达观点，那个叫作"喷子"。

学会不该说话时不说，不懂说时少说确实是一种教养。

[2]

我们尊重人格的平等，但是我们也尊重长幼有序的处世之道。

长辈与晚辈，上司与下属，老师与学生，在身份的差序上，我们更要把握好说与不说的分寸。

毕业时，我到一家互联网人力资源公司面试。面试官全场只问了我一个问题，就把我请出去了。

当时的情况是，他问我："你最喜欢中国古代的哪个朝代？"

我说："我是个学文科的人，作为一个文人自然是喜欢宋朝。"

面试官则问我为什么不喜欢唐朝？然后叽里呱啦说了一大通理由。当时，我没忍住，和他好好地理论了一番。

他听完就说："看了你的简历，你是个不错的人才，但你并不符合我们的需求，祝你在其他领域有更好的发展。"

回家以后，我思考了很久这次面试失败的原因。

设身处地地想，假如我是上面那位面试官，也会对下位的求职者咄咄逼人的态度和话语感到不快吧。

要是我把这样的心直口快带到工作里头，也许我永远不会得到客户的喜爱。因为当时的我并不懂得聆听别人的需求和适当的沉默，只会用自己的观点反驳别人。用这样的交流方式即使你说的话是对的，也很容易让人觉得你是含沙射影，招人不爽。

工作以后，我更加发现言辞上的锋利往往无法解决问题。在发生争论时，适当地闭上自己的嘴巴，然后默默地拿出更好的方案会让同事和客户倍加受用，事情也更容易推进。

我曾经写过：就算你是个直肠子，也要做一个招人喜欢的直肠子。沉默之所以是金，很多时候，闭嘴不吃亏。

[3]

不管什么时候，我们都更乐意和那些说话令人感到如沐春风的人在一起交流。

原因很简单，他们风趣幽默、进退有度、谈吐优雅也更识大体，无论是在风度、气度还是内涵上都让人觉得很有修养。

有次朋友聚会，在座的妹子们都精心打扮了一番。

有两个男性朋友同时到场，一个皱着眉头说了一句：香水味儿好大，真难闻啊，朋友聚会搞那么风骚干吗？

另一个则说：你们今天都穿得好漂亮，我都不敢直视了，害羞。然后夸夸这个唇彩和妆容特配，夸夸那个鞋子和裙装特搭。

结果是，这个爱夸人、会聊天的哥们整晚都在和妹子们热聊，把她们逗得花枝乱颤。

而那个进门就紧皱眉头说话不得体的朋友，不管怎么插嘴，别人都对他不搭不理，只好一个人坐在角落喝闷酒。

其实道理很简单，跟人交际，假如你一张口就是不得体的话语，会让人倍感尴尬，那么接下来就很难再好好聊下去。

换做是你，你也会喜欢那种聊起天来让人宾至如归的感觉，你有面子我也有面子，你舒坦我也舒坦。

有人说，交朋友那么讲究面子干吗？开不起玩笑就别聊啊。

大家都是人，你上来就不给我面子让我难堪，这个朋友怎么做？

不管对谁，说话都应该有分寸。你所谓的幽默感不仅仅是没修养，更是没教养的体现。

我们总是在聊天当中交朋友，而交朋友我们更喜欢交有修养的朋友。

学会聊天，是交朋友的一种修养。

[4]

不少人会觉得这样太做作了，为人可得知己两三足矣。但是你们发现了吗，那些看似"做作"的人往往朋友更多。

康德说过：礼貌时常带有演技的成分，可并不是一件坏事。礼貌是一种让人感到开心的美德，也许不一定总是真的，却是出于善意与尊重。

这种与人交往的美德虽然只是一种辅助性的事物，但是当我们积少成多，这样的美德能令我们的友谊坚不可摧。

我和你不熟，所以面子上的功夫、谈吐上的分寸要做好。我和你很熟，玩笑可以开，尊重更要有。

《菜根谭》中写道："使人有面前之誉，不若使其无背后之毁；使人有乍交之欢，不若使其无久处之厌。"

或许现在我们可以这样理解这句话：

既要让别人当面感受到如沐春风，更要在别人背后懂得恰到好处的沉默。

既要让别人初识便有相见甚欢之感，更要在长期交往中把握分寸不让人讨厌。

所以，不该说话时不说，该说话时好好说，不仅是为人处世的教养，更是结交朋友的修养。

等别人把话说完
是一种素质

[1]

年轻的母亲为了验证她教子有方的成果，把两个苹果喜盈盈的给了年幼的儿子，接下来，他等待儿子把一个苹果送给妈妈。可是儿子接住苹果后，看都没看她一眼，就一颗苹果咬了一口，年轻的母亲当然非常伤心，正要发火训斥儿子的自私贪婪。

谁知道就在这时，童稚的儿子奶声奶气地说："妈妈，你吃这个苹果，我尝过了，不酸！"妈妈的眼泪瞬间就流了下来。有时候，我们之所以愤怒是因为没有耐心和时间等一个回答，倾听的后面是另一番的暖意。

[2]

前一段时间，和一个朋友合作一个项目，自己感觉十分用心，验收的时候，听到这样那样的批评和建议很不爽。朋友打来电话谈修改意见，还未开口，我就讲了一大通自己的理由和想法，后来我们俩基本是各唱各的调，各说各的套，谈话不欢而散，结果谁也没有表明自己的思路。

朋友着急地说："能不能谈？不能谈我们微信上聊吧！"后来朋友从微信上把自己的思路条理清晰地发来，其实有些地方的确有非常可取的意见，问题迎刃而解。事后想想，很多事情坏在我们没有给对方把话说完的机会。你等我把话说完。这是现代社会交往中多么卑微的一个要求啊，而我们往往忽略交流中最基本的尊重。

[3]

兄弟刚成家，磨合期，小夫妻天天争吵，双方都很苦恼，都快到离婚的地步。昨天女孩给我打来电话诉苦，我知道家事无理可讲，驴圈里踢不死驴，无非就是那些鸡毛蒜皮的小事，你付出多了，他回报少了，等等，我耐心地听她诉说，适时的表示同情和认同，最后女孩高高兴兴地说回去给男人做饭去呀，临了赞我：“你真会安慰人，经你一安慰我觉得原来没什么大事。”我笑着挂了电话。心想，我什么话都没说。只不过她想倾诉一下自己的委屈而已。

[4]

相传钟子期是一个戴斗笠、披蓑衣、背冲担、拿板斧的樵夫。历史上记载俞伯牙在汉江边鼓琴，钟子期感叹说：“巍巍乎若高山，荡荡乎若流水。”两人就成了至交。钟子期死后，俞伯牙认为世上已无知音，终身不再鼓琴。倾听不仅拉近心灵的距离。而且阐述了倾听才是遇见知己的开始。

[5]

国际巨星卡罗尔有一次巡演，空运吉他被摔坏，卡罗尔找航空公司投诉，居然没人愿意倾听他的投诉，认为卡罗尔小题大做，对于一个艺人吉他就是他的生命，卡罗尔十分伤心。多次投诉无果的卡罗尔一怒之下，创作出一首《美联航弄坏了我挚爱的吉他》的视频歌曲，通过歌唱的形式，将吉他受损及整个投诉过程中的遭遇展现出来，想不到接下来短短两周内，这首歌的网络点击量竟超过500万。

更让人没想到的是，受这首视频歌曲的负面影响，美联航的股票几天内，直跌10%，造成了高达1.8亿美元的巨大损失——足以买下51000多把吉他赔给卡罗尔。

"其实，我只想美联航能有一个人站出来倾听我的不满，承认他们做错了，对我说一声'对不起'，仅此而已。可是他们没有这样做。"卡罗尔最后这样说出了自己坚持投诉美联航的原因。你等我把话说完。卡罗尔无非要的一个尊重的倾听而已。

现在的很多家长诉苦，自己孩子进入叛逆期，根本不听话！不听话基本成了青春期家长共同的心声，但冷静想想，其实这个埋怨的本身就出了问题，我们扪心自问，你认真去听孩子的心声了吗？你知道孩子在想什么，希望什么？你要了解孩子，却不去听他的，而是要他听你的，你老是在那里唠唠叨叨，复读机一样，他听你什么？

你等我把话说完，这是一种提醒，对浮躁和急于求成的你我一种讥讽。

上帝创造人的时候，为什么只有一张嘴却有两个耳朵，那是为了让我们少说多听。我们谁也不是火烧屁股，火急火燎了。怎么连等待别人表达的时间也没有吗？有时候扪心自问，这是一种病，得治。

等待别人把话说完，是一种能力，也是一种修养。

有一种倾听叫胸有成竹，沉着冷静，那是一种气势和气场，不语也能威严，无声也能温暖才是魅力。有一种聆听需要忘我，听落雪的声音，听风过屋檐，听早晨的鸟鸣，听一段美妙的旋律是一种境界和修为。内心安详，才能懂得岁月静好。

　　贾宝玉倾慕林黛玉，只为那一低头的温柔，目不转睛地旷世的深情。三毛和荷西的深情，也是为那我用六年时间等你一句表白；杨绛和钱钟书的爱情不过也是感动于深情款款的倾听，我说你一直在听。爱和尊重，有时候就是听的力量，把话说完才是最最深情的凝望。

　　等别人把话说完是一种素质，看似絮絮叨叨的表达，身前身后却是气象万千的智慧和懂得。听别人说话，其实在度你我到彼岸，一回头已是郁郁葱葱，繁花似锦。

有些话要三思而说，适可而止

皮哥找我喝酒是一件很不正常的事。

一来，平日里，他喝得少；二来，即便是喝，也不会单独约我喝。

在这个朗朗乾坤，明月高照的秋夜里，他打了电话给我，我不得不来。我以为去酒吧喝，没想到他用塑料袋子提着好几瓶啤酒，还买了些鸭脖、花生什么的，来到了沿江风光带。

"在这喝酒？"我惊讶道。

"是啊，亮敞，看着奔流而去的湘江，多少没那么烦躁。"

"你有病吧？你当现在是夏天，江边纳凉小酌啊。你没听到这风刮得呜呜地响，我还想留条命回去了。"我又裹了裹身上的衣服。

"你冷的话，来，把我的羽绒服披上。"说完，皮哥作势脱衣。

"算了，算了，喝酒暖暖胃。"我抄起一瓶啤酒，用牙齿咬开瓶盖，然后一屁股坐在冰凉的石砌台阶上，心里暗暗想，有备而来啊，还穿了羽绒服。

皮哥是个喜欢开门见山的人，一开口便是，"今天真憋屈……"，我就知道，我是来当知心哥哥了。

皮哥比我大两岁，跟着他舅舅一起做一些花木生意，平时也算不上太忙，基本上是想休假便能休假。不过他是一个老实本分的男人，所以不到万不得已一般不动用这项权利。

说起来，皮哥这天遭遇的烦心事还与这个有点关系。

皮哥他娘已经是六十多岁的人了，有三个儿子，皮哥是老么。他娘前段时间诊断出来患了糖尿病，住了几天院，便回来养着，每个月定期去复查。由于复查的时间正好是工作日，皮哥和他两个老兄就商量着轮着带老娘去医院，从大哥轮起。

经过一个循环后，又轮到他大哥了，可他大哥第二天有事，所以在他们一家子聚在一起吃晚饭的时候，他大哥便向他说道："我明天还有点事，要不明天还是你送娘去一下医院吧。"

皮哥想了一想，自己请假容易，便准备答应下来。可他话还没说出口，他大哥又补上一句，"反正你一天到晚也没什么事。"

他大嫂也在一旁附和，"就是，反正你时间多，你就再送一次呗。"

皮哥当时就来火了，明明自己还没开口说什么，怎么在他们眼里自己就变成闲人一个，无所事事了。

他心里窝火，一把放下筷子，走到他老娘身边。

"妈，不是我不孝顺啊，只是我也有工作要忙，本来就轮到大哥了，何况他还是长子了，理应放下手上的事陪您去的，您的身体还是要紧一些啊。您说了。"

"平时也没见你有什么事，怎么你大哥一有事你就有事了，耍我们了？"他大嫂有些急躁地说道。

"我有事还要预先通知一下你吗？这次轮到谁就是谁，谁都别推。"皮哥立刻反击道。

接着你一言我一语，双方细数对方的缺点和错误，本来一场和睦的正剧到最后就演变成一场闹剧，以皮哥夺门而出谢幕。

"你说他们到底怎么想的了？我明明都快答应下来了，非得给我来那么一句刺耳的话，你说我心里能好受嘛。"皮哥剥开一颗花生，朝嘴里扔去，然后猛喝了两口啤酒。

我没有回答，只是默默地想到了我妈。

在家里，有时一起吃完饭，我妈就会跟我说，"你把碗洗一下吧。"可还来不及让我点头，她一定会补上一句，"反正你一天到晚在屋里也不做一点事。"

有时，我妈看我皮鞋脏了，就会跟我说，"你自己把皮鞋擦一下吧。"依旧来不及说好，就又会听到一句，"只晓得穿，穿得邋遢死的又不洗。"

我当时心里想的是，您要我做事，我又没说不愿意做，可您还要数落我一顿干吗了？到头来，落得个您心里不痛快，我心里也不痛快。我把我的想法跟我妈说过，但她没当回事，依旧要补上那句让我十分不快的话。听得多了，我也就麻木了。

我还有一朋友，差点因为这样一句极其多余的话导致了分手。话说那天，他女朋友一如往常地发了个微信给他，"在干什么呢？怎么也不理我？"

我朋友本来是回了五个字，"在外面办事。"

他女朋友正准备回复，"哦哦，那你先忙啊。"可话还没打完，我那朋友的脑子像被门夹过一样，又来了一句，"怎么？还非得每天都要联系啊？"

这话不说不要紧，一说，他女朋友差不多半个月都没联系他。

他们和好之后，他调侃着跟我说："你说当时我是不是'脑子进水'了？"我笑了笑，说："应该吧，要不就是'被门夹'了。"

甭管你是有意还是无意地补上了那句多余的话，到了听者的耳朵里，那个态度，那个意味就会被吸收而且放大，好事也能让你整黄了。

在工作和生活中，我们经常会听见这样的话。

"你去帮我搬一下资料吧。反正你力气大。"

"这个客户你送一下吧。反正你顺路。"

"我们今天就住你那里吧。反正你家那么大，空着也是空着。"

相信我，我不敢保证百分之百，但是我敢保证一半以上的人听到这样的话，是会有情绪的。或许他们嘴上不说，脸上也不表露出来，但是他们心里肯定在暗暗怨道：我力气大，关你什么事，我有车我顺路，又关你什么事，我家空着，更不关你什么事，我的本事和能耐又不是天生要为你服务的。

说这种多余而又伤人的话就像是别人好意给你一束玫瑰，你倒好，猛地一扯，让玫瑰的刺扎得别人的手鲜血淋漓的。

你说，他能不抽你吗？

言语这东西是把剑，用得好，它将带你所向披靡；用得一般，也可以明哲保身；但如果用的差的话，那我只能说，嗯，这东西真是把自刎的好兵器。

有些话要三思而说，适可而止。

那些多余而又刺人的话语就让他烂在心里好了，你不让它们烂在心里，它们就烂在你的人生里。

不懂安慰就别瞎安慰了，
不如沉默微笑

在这个节奏越来越快，距离感却越来越强的世界，能被人惦念，是一种值得感激的福气，能对人表达关心，更是一个人善意的表现。但遗憾的是，不是每个人的关心都让人感到舒适、慰藉，很多时候，"关心"反倒传播出伤人的负能量。

几年前怀孕时，一位亲戚上门探望，没扯三句，便开始"嘱咐"我凡事小心，之后的半个小时，我一直僵笑着倾听她讲各种孕妇流产的故事：走路可能流产，坐车可能流产，洗澡可能流产，吃东西可能流产……那口气，似乎"总有一款适合你"，总之感觉怪怪的。在迎接新生儿到来时，其实我内心更需要的是一点祝福。

一位朋友经常向我抱怨，儿子功课不好，贪玩不专心，自己是多么苦口婆心地和儿子谈，给儿子报兴趣班，加强班，可儿子并不领情，反而和她越来越疏远。

"三娘教子"的情景我看到过两次：妈妈一脸焦虑，儿子木木地坐在那里，"你看人家某某某，这么下去你就等着吧……"之类的话至少每分钟出现一次。这个妈妈太过擅长"排除法"，不断教导自己的孩子什么事是不行的，不对的，却忘了给出如何行动的建议。我不知道十一岁的孩子，内心能强大到什么程度，但如果有人天天这么对待我，我估计已半疯了。

都是善良的人，关系也很亲近，绝对是百分百希望被关心者一切美好。但这种警告式的、威胁式的关心，激起的更多是反感。这种关心越多，让人越压抑，因为它过度强调你面临的危险，却并没给出什么积极建议。就好比对着一个感冒的人抹眼泪，说："哎呀别发展成肺炎，搞不好最后成败血症"。这种关心，是以善意为名传递的负能量，有时反倒是很灵验的"诅咒"。

最近一个不太熟的"大姐姐"经常微信联络我，简要寒暄后，问起近况，我也如实相告，其实无非也是暂时身居国外，还想与国内的朋友一起做点事情而已。然后她很严肃地提醒我，你这样的想法不对，你怎么能这么想呢？接下去根本不听我讲任何话，自顾自就分析下去："你是不是婚姻有问题要和老公分开？孩子不管啦？"

我很惊讶，无非是要通过网络和国内继续联系，做点事情，怎么就扯到婚姻问题了呢？因为和她认识没多久，认为也没必要去解释，就找个借口结束了谈话。晚饭后发现微信上出现她的一堆留言，都是劝我"要听听别人的意见，不要放弃婚姻"。天哪！莫名其妙啊！更莫名其妙的是，过一阵子，我们共同圈子的其他人都知道了我"婚姻出了问题"。

这件事让人很不开心。如果只是曲解我的话倒还说得过去，也许因为我有表述不明，但是曲解后再传播，就难以再用善意去解释了。要么是喜欢披着关心的外衣打探别人生活，然后嚼舌根；要么确实是关心，但是用了比较病态的方式，给人感觉是"生怕别人没事"。

"关心"，多么美好亲切的字眼儿。从小，我们就被教导要"心中有他人"，要懂得在别人需要的时候送去温暖。但是，关心，又是多么考验人品性和修养的一件事啊。抛去那些本身就居心不良的假关心不论，就算我们真的发自内心地惦记，我们的关心一定会让被关心者感到温暖和力量么？还是很多时候，我们的关心反倒是摧毁对方信心的最后一根稻草？

关心，一不留神就成诅咒。我们越是在意的人，越是担心他们出事，甚至在内心演练他们的出事的场景，然后越想越怕。于是我们把自己的担心告诉对方，这无可厚非，生活复杂，暗藏凶险，提醒他们前方有雷没问题。

但是，过度提醒，你让他们怎么走路？而这条路可能又是他们生活的必经之路。这种关心，运用不当，会瓦解被关心者的勇气，甚至颠覆他们对美好事物的信任、兴趣和追求的欲望。不少父母犯过这样的错误，或者更严重，为了让被关心者无惊无险，开始越俎代庖，从替代别人的思想演变为替代别人的行动，最终彻底让被关心者的生活失去意义。

关心，一不留神还可能成为侵犯。出发点也许是好的，但是过度地挖掘打探，也是对别人生活的干扰。人活一辈子，谁都有遇到事儿的时候，有人关心帮助非常幸福。但是，有些难关，必须自己度过，有些事情，必须自己想清楚，并且不希望别人介入太多。所以，太过任性的"关心"，就可能侵犯到别人的隐私和生活的自主权。

还有一种关心，太过作秀作势。比如刻意亲民的"送温暖"，或者在关心别人的过程中，始终不忘炫耀自己，"你看看，你没有的我恰好有！你做砸了的事刚好我做成了！"这类"关心"，给被关心者传递的，绝对不是真善美，接受其关心的人也一定可以感受到扑面而来的虚伪气息。

这么说来，关心还真不容易。首先要真诚，但仅有一腔热诚，人家不一定领情，还要注意方式、方法。隔靴搔痒的关心只是没能量，不是负能量。但若是让自己的关心成为打击和刺伤别人的负能量，那就是件悲哀的事了。

所以，关心不能是自顾自地，要站在对方的角度多想一点。有好的建议，可以说给对方听；没有的话，不如沉默，给他们微笑以祝福。

赢在嘴上
输在了心里又何必

[1]

有姐妹俩，都是特厉害的主儿，在各自家里都拥有绝对的领导权。

某日，姐姐无意中发现老公居然偷偷给婆婆钱，数量虽不多，但行径不能姑息，盛怒之下，劈头盖脸一顿臭骂。

她不是心疼钱，她怒的是老公居然瞒着自己。你给你妈钱，我从没反对过，我这么大度了，你还偷着给，什么意思你？

不想，多年忍辱负重的男人居然也怒了，说我就给了，怎么着吧？

一场恶战爆发。妹妹和妹夫赶去救火。姐姐本就强势，加上得理，一副咄咄逼人的态势。姐夫在这件事上说不出道理，却像揭竿起义的奴隶一样，痛陈这么多年的压抑和冤屈。

因为姐妹俩都是说一不二的暴脾气，姐夫本以为妹夫肯定也是一肚子怨气，期待得到他的理解和支持。没想到，妹夫却淡定得很，劝姐夫不要生气，说家有女领导，日子过得好，他跟老婆一直相处愉快。

姐姐就更得理，说："你看人家那境界，再看你。"

而妹妹却站在了姐夫一边，偷偷对姐姐说："不是你妹夫境界高，是我经常让着他。他背地里给他妈多少次钱了，我都装不知道，从没指责过他一次。"

姐姐不解："你怎么能惯他这毛病？"妹妹说："谁没点私心呢？他不傻，

不会把我们家存款都搬他妈那去，偶尔给点钱，无伤大体。他不说，有不说的道理，这些小事你随了他的意，大事他才心甘情愿听你的话。过日子不是体育比赛，要分毫必争，你适当让他小胜几次，他心里才舒坦，你们俩也才能过得顺当不是？"

[2]

这真是婚姻的智慧——姐妹俩，同样是女强男弱的家庭，其实幸福感和稳定性是完全不一样的，姐夫处在水深火热的忍耐和不快中，妹夫却轻轻松松自得其乐。

妹妹的智慧在于，没有把所有的意愿都施加在对方身上，在自己取得决定性胜利的同时，也友情让对方有局部的小胜利。这样，对方就不会觉得自己是完完全全地受制于人，不会在心里积聚起太多抵触和逆反情绪，才会顺顺当当地配合你好好过日子。

很多家庭都是一方极强一方极弱的组合。细心观察，这样的家庭如果真和睦的话，势必有强势一方的退让——他完全有能力控制你，让你完全执行他的意愿，但是他不那么做，他给你留了空间，让你也有机会达成自己的心愿。于是弱的一方，心理也是平衡的，不至于积压过多怨气。

婚姻关系的平衡，是长久斗争的结果，而这种斗争，需要彼此退让，一方不能把优势占尽，让另一方完全受制于你，即便你有能力控制对方，也不该那么做。

很多时候，能不能和该不该，绝对是两回事。

说有一位大作家，每次交了书稿，都会画上一只不伦不类的狗，坚持要放在书的最后一页。编辑每次都为了这只狗大伤脑筋，强烈要求去掉。争来争去，作家同意让步，去掉那只狗，但条件是不再对他作品的其他部分做任何改动。编辑无奈，只好同意。

其实作家在意的哪里是那只狗，他只是不想让编辑修改他的作品。之所以搞出那只莫名其妙的狗，只是为了平衡编辑的心理，让编辑小胜，而他完胜。

其实婚姻里面哪有绝对的原则，有时候小妥协是为了大胜利。如果你锱铢必较局局必胜，最后迎来的很可能不是想象中的大满贯，而是脆弱关系的崩溃。

让对方小胜几次，关系才能平衡、和谐，良性发展，婚姻也才能安定稳固，经得起风浪。

做到这些，
让你的沟通少走点弯路

沟通能力指的是：能在大多数情况下维持或增进关系，并借此实现自己目标的能力。

我们都希望成为在人际沟通中无往而不利的沟通高手，但是什么样的人，才有资格被称为沟通高手呢？

沟通高手或许千人千面，但是他们通常有以下共同的特质：

[懂得在不同的情境中挑选合适的行为]

要做到这一点，首先要拥有多样的行为反应。

举个例子，假如你来自河南，当你听到熟人讲了一个对河南人带有明显地域歧视的笑话，觉得自己被冒犯了，这个时候，你会如何回应？

你可以保持沉默；

你可以剑锋相对，反唇相讥；

你可以请第三方提醒说笑话的那个人，注意自己的措辞；

你可以暗示说笑话的人，比如用尴尬、僵硬的微笑，让他感受到你的不舒服；

你可以以开玩笑的形式表达不满，同时借着幽默减弱自己言语的攻击性；

你可以坦白你的不适，并且要求朋友停止谈论这个笑话；

你还可以直接叫他别说了；

……

沟通高手的特质之一，就是拥有一个庞大的沟通行为资料库。面对一种情境，特别是棘手的境况下，他们可以想到也知道自己可以有多种回应方式，并会有意识地从中选择一个对自己最有利，对他人最有效的方式。当一种方式没有取得理想的结果时，他们会迅速做出调整。

而差劲的沟通者就像只会弹奏一种旋律的钢琴师、只会做几道菜的厨师一样，无论在什么场合，只会本能地做出单一的反应，要么一味沉默以对，要么总是给出带攻击性的回应，或者只懂得说笑。或许是被性格局限，他们一再重复，不知变通，从未意识到自己其实还有其他选择。所以他们的行为极容易预测，常被人一眼忘穿。

拥有多样的行为反应只是基础，沟通高手最关键的是拥有挑选恰当行为的能力，他们知道什么样的情况采取什么样的行为最合适最有效。当你无法决定要做什么反应的时候，可以学他们从三个方面进行判断。

一看情境，沟通高手明白没有放诸四海而皆准的沟通技巧，时间和地点常常影响沟通的结果。

可以逗得熟识的同事全场大笑的段子，初到公司的时候讲，可能会换来满场尴尬；约会迟到的时候，应该先真诚地表达歉意，一个劲说甜言蜜语可能只会让女朋友觉得你油嘴滑舌、不真诚。但如果在送了一束香槟玫瑰之后说同样的甜言蜜语，就会增进两个人的亲密感。

二看你的目的，是疏远、增进还维持现有关系？如果你想融入一个新集体，那积极参与每一项集体活动，可以帮助你快速和大家建立联系。如果你想拥有更多的个人时间，做自己喜欢的事情，适当地拒绝可能是更好的选择。

三看你对他人的认知。前文地域歧视的例子中，如果说笑话的人是长辈或上级，或许保持沉默是最好的选择；如果是细腻而敏感的朋友，暗示一下他可能就知道自己行为不妥，如果反唇相讥，很可能会让他恼羞成怒，进而毁掉你们的关系；如果是一个交情很深的老朋友，你就可以直率地坦白自己的不适。

你还要明白，每个人都有自己的背景，你面对的每个人，都带着他的过去来和你相遇，个人经验、原生家庭、教育程度、经济实力、身份地位等所有的因素都会影响沟通过程。

也许你很善于处理与自己对等的那些人的关系，但在比自己年长或年轻，富有或贫穷，更具吸引力或更缺乏吸引力的人交往时，显得很笨拙。比如，你和朋友们玩得很好，但是却处理不好和长辈、上级的关系。

真正的沟通高手自信从容，他们擅长和不同的人打交道，他们不仅因时因地，也因人而异地调整沟通策略。

[沟通高手更有同理心]

同理心被认为是"社交智力"的本质，它指的是从另一个人的角度来体验世界、重新创造个人观点的能力。

同理心和同情心不能混为一谈，同情心表示你用自己的观点来看别人的困境进而产生悲悯之心，而同理心是指你用对方的观点设身处地地思考他的处境而感同身受。

香港真人秀《穷富翁大作战》是富豪版《变形记》，邀请富豪体验底层生活。来自香港江南四大家族之一的富豪田北辰，原来的座右铭是："如果你有斗志，弱者也可以变成强者"。

作为既得利益者，他的观点带有明显的社会达尔文主义倾向。这句话残酷的言外之意是，这个社会是优胜劣汰的，更聪明更勤奋的人理应拥有更多的资源，穷人之所以穷，弱者之所以弱，是因为他们不上进、不勤奋、不聪明，他们活该为自己的处境买单。

当他按节目的安排体验了两天挣扎在温饱线的环卫工生活后，他的观点改变了。底层环卫工们工作不可谓不努力，扫了一天大街后还要上夜班，但即便如此也只能维持最紧巴巴的生活。因为受教育程度低，只能做低回报的体力工作，因为花了太多时间做劳苦工作，不仅疲惫不堪，提升自己和寻找更好工作机会的时间几乎没有，所以便陷入死循环。

努力工作就能改善生活吗？穷人可以靠努力翻身吗？田北辰终于意识到，在强弱对比悬殊的情况下，马太效应控制着这个世界，可能会是弱者越弱，越来越惨。哈佛毕业的田北辰说，这个社会在极严厉地处罚读不成书的人，整个经济结构，让没学历、低技能的人士过着非人的生活。他开始考虑，弱肉强食的商业世界之外，政府是否应该给最底层的人一个稍微像样一点的生活。

根据后续的追踪报道，田北辰从政后成为少数为底层发声的议员。一个含着金汤匙出生的人，从小养尊处优，高姿态地去捐款去做慈善，可能是出于同情。但当从底层的角度体验世界之后，理解了底层的没有出路，重塑了对贫穷的认知，开始通过自己的努力来改善穷人的处境，这个叫同理心。

谈远了，说回沟通中的同理心，它包括三个层面。

一是观点上。你先把自己的意见放到一边，你试着去理解别人的观点。同理心并不意味着要同意对方，但可以帮助你在争执的时候快速找到基本的共识。

二是情感上。你去体验别人的感受，他们的恐惧、悲伤、失望。

三是关心对方的福祉。不光是和对方有一样的想法和感受，而是进一步真诚地为他们的利益着想。

沟通高手的另一个特质就是更能设身处地、换位思考。有人说，做人的最高境界是让人舒服。怎么让人舒服？靠的就是同理心。

在观点上有同理心，所以试着尊重，不轻易下判断；在情感上有同理心，所以不会忽略别人的感受，而能妥帖地照顾到每个人的感受；在别人的福祉上有同理心，所以知道别人想要的是什么，不轻易倾轧和掠夺。

[沟通高手会进行自我监控]

什么叫自我监控？观察自身的行为并借此调整自身行动的过程。

林黛玉初入贾府，就是典型的高度自我监控的状态，她小心翼翼地观察别人如何行动，"步步留心，时时在意"。最典型的是她关于读书问题的两次不同回答，她意识到自己的回答不妥当之后迅速改变了答案。

第一次，贾母因问黛玉念何书。黛玉道："只刚念了《四书》。"黛玉又问姊妹们读何书。贾母道："读的是什么书，不过是认得两个字，不是睁眼的瞎子罢了！"

第二次，宝玉便走近黛玉身边坐下，细细打量一番，因问："妹妹可曾读书？"黛玉道："不曾读，只上了一年学，些许认得几个字。"

如果说同理心让我们更了解别人，那自我监控就是让我们更了解自己。

自我监控的人可以意识到自我的行为并且深知其影响。

与上司出现重大分歧时，如果摔门而去，之后如何收场？与丈夫吵架，如果拿他的身高、家境等他本来就自卑的短板去攻击他，是否会造成永久的裂痕？我如实地评价了朋友的新发型，她似乎变得很低落，下一次我是否应该用更鼓励更委婉的语气？这个同学今天总是有意无意地挖苦我，我们之间是不是有什么误会？

自我监控者会在做出反应前考虑行为的后果，做出反应后根据反馈评估自己的行为，然后做出有建设性的调整。但不善于自我监控者显得笨拙迟钝，他们做到好或者做得不好，自己甚至不能理解原因，常常伤害、得罪、引人尴尬而不自知，因为任性而把自己置于无法收拾的境地。

沟通高手明白沟通是不可逆的，我们没办法回到过去，抹除不当的行为或言辞，所以说话做事更加审慎。一句话说出口之前，你是它的主人，说出口之后，你就变成了它的奴隶。你需要承担自己言行的一切后果。

如今很普遍的现象是：自我监控在网络世界变得很弱，不计后果发布信息的倾向在网络世界很常见。心理学上把这个叫作去抑制，即个体因内心准则和社会规范的制约，而形成的自我克制大大削弱或不复存在，人们在网上行为表现出一种解除抑制的特点。

10月底，和菜头发表了一条对国际政治的调侃，被骂后，他挂出对方照片，并反唇相讥：

删图干吗？你口口声声骂我的时候，你不胆气十足吗？怎么，看到自己的脸，突然意识到这玩意儿你还要？才意识到在网上也有注意言行一说？才知道你原先跋扈那是因为遇见的人能忍？

不评论和菜头的行为和言论是否妥当，但"才意识到网上也有注意言行一说？"这一句让我感触很深。伊能静、王琳也挂过网友言论，说真的，即使没有人来追究，那些恶毒、不文明、卑劣的言论到底是会让当事人难堪，还是让发言者蒙羞？在家人、朋友、同学、同事面前，这些人还会发表同样的言论吗？

一个成熟的沟通者，无论在线上线下，都不会放松自我监控，都会对自己的行为负责。

[沟通能力是可以习得的]

我所理解的沟通高手，不是大家刻板印象里，伶牙俐齿、长袖善舞、八面玲珑的圆滑处事之人。当一个人给人这种相对负面的印象，他就已经不能算是沟通高手。因为沟通并非是我们用在别人身上的技巧，而是我们与别人共同参与的过程。

沟通高手是那些具有看人人里，能看出人外的洞察力的人，因为了解自己，所以能很好地控制自己的言行，因为了解他人，所以能做出得当的反应；是那些相处起来很舒服的人，他们能在坚持自己的原则和照顾他人的感受之间取得微妙的平衡，他们的沟通行为恰当且有效；是那些从容优雅、进退有度的人。

我相信，沟通能力是通过不断地学习、训练、调整而提升起来的，没有人是天生的沟通高手。愿你的精进之路，少走弯路。

[适时的沉默也能带来 不一样的结局]

一位朋友与一位台商老总谈业务，午餐时在酒店点了菜品，该老总指着雅座中的酒水说："请随意饮用，我们不劝酒。"朋友知道很多南方商人商务会餐时绝不饮酒，也客随主便，草草用饭。

席间酒店服务生端来一道特色菜，那位老总礼貌地说："谢谢，我们不需要菜了。"服务生解释说这道菜是酒店免费赠送的，那老总依然微笑回答说："免费的我们也不需要，因为吃不了，浪费。"饭毕，老总将吃剩下的菜打了包，驱车载着朋友出了酒店。

一路上，那位老总将车子开得很慢，四下里打量着什么。朋友正纳闷时，老总停下车子，拿了打包的食物，下车走到一位乞丐跟前，双手将那包食物递给乞丐。朋友看到那位老总双手递食物给乞丐的一刹那，差一点就热泪奔流。

一次，叶淑穗和朋友一起拜访周作人。他们走到后院最后一排房子的第一间，轻轻地敲了几下门，门开了。开门的是一位戴着眼镜、中等身材、长圆脸、留着一字胡、身穿背心的老人。他们推断这位老人可能就是周作人，便说明了来意。可那位老人一听要找周作人，就赶紧说"周作人住在后面"。于是，叶淑穗和友人就往后面走，再敲门，出来的人回答说周作人就住在前面这排房子的第一间。他们只得转回身再敲那个门，来开门的还是刚才那位老人，说他自己就是周作人，不同的是，他穿上了整齐的上衣。

夏衍临终前，感到十分难受。秘书说："我去叫大夫。"正在他开门欲出时，夏衍突然睁开眼睛，艰难地说："不是叫，是请。"随后昏迷过去，再也没有醒来。

顾颉刚有口吃，再加上浓重的苏州口音，说话时很多人都不易听懂。一年，顾颉刚因病从北大休学回家，同寝室的室友不远千里坐火车送他回苏州。室友们忧心顾颉刚的病，因而情绪并不高。在车厢里，大家显得十分沉闷，都端坐在那儿闭目养神。顾颉刚为了打破沉闷，率先找人说话。

顾颉刚把目光投向了邻座一个和自己年龄相仿的年轻人身上，主动和对方打招呼："你好，你也……是……是去苏州的吗？"年轻人转过脸看着顾颉刚，却没有说话，只是微笑着点点头。

"出去……求学的？"顾颉刚继续找话。年轻人仍是微笑着点点头。一时间，两个人的谈话因为一个人的不配合而陷入了僵局。"你什么……时候……到终点站呢？"顾颉刚不甘心受此冷遇，继续追问着。年轻人依旧沉默不语。

而这时，坐在顾颉刚不远处的一位室友看不过去了，生气地责问道："你这个人怎么回事？没听见他正和你说话吗？"年轻人没有理他，只是一个劲儿地微笑着，顾颉刚伸手示意室友不要为难对方。室友见状，便不再理这个只会点头微笑的木疙瘩，而是转过身和顾颉刚聊起来。

当他们快到上海站准备下车的时候，顾颉刚突然发现那个年轻人不知什么时候已经走了，只留下果盘下压着的一张字条，那是年轻人走时留下的："兄弟，我叫冯友兰。很抱歉我刚才的所作所为。我也是一个口吃病患者，而且是越急越说不出话来。我之所以没有和你搭话，是因为我不想让你误解，以为我在嘲笑你。"

冯友兰的尊重就在于"不说话"，而路易十六的王后上绞刑架的时候，不经意间踩到了刽子手的脚，她下意识地说了一声"对不起"，这是一种极其高贵的尊重，让每个人都肃然起敬。

67岁的玛格丽塔·温贝里是瑞典一名退休的临床医学家，住在首都斯德哥尔摩附近的松德比贝里。一天早上，温贝里收到邮局送来的一张请柬，邀请她参加政府举办的一场以环境为主题的晚宴。

温贝里有些疑惑，自己只是一名医务工作者，跟环境保护几乎没有什么关联，为什么会被邀请呢？温贝里将请柬仔仔细细看了好几遍，确认上面写的就是自己的名字后，放下心来："看上去没什么不对的，我想我应该去。"于是，温贝里满心欢喜地挑选了一套只有出席重大活动时才穿的套装，高高兴兴地赴宴去了。

赶到现场，温贝里不由得吃了一惊：参加晚宴的竟然都是政府高级官员。其中就有环境大臣莱娜·埃克，他们曾经在其他活动中见过面。看到温贝里后，埃克先是一愣，然后马上向她报以最真挚的笑容："欢迎你，温贝里太太。"接着热情地将温贝里带到相应的座位上。温贝里和政府要员们一起进餐，并聆听了他们对环境问题的看法和建议。

宴会结束后，按惯例要拍照留念，埃克邀请温贝里坐在第一排。就这样，温贝里度过了一个愉快的晚上。

几天后，温贝里浏览报纸时，看到了自己参加晚宴的合影和一则新闻报道："政府宴请送错请柬，平民赴约受到款待。"

原来，环境大臣埃克本来邀请的是前任农业大臣玛格丽塔·温贝里，由于工作人员的失误，把请柬错送到和农业大臣同名同姓的平民温贝里手中。对此，埃克表示："不管她是谁，只要来参加宴会，就应该受到尊重和礼遇。"

看到这里，温贝里不由得心头一热，敬重之情油然而生：埃克明知她是一个"冒牌货"，非但没有当场揭穿，反而给予了她大臣一样规格的礼遇，这样不动声色的尊重足以令她欣慰一生。

尊重的最高境界不是体现在轰轰烈烈的大事之中。有时候，越是微不足道的生活细节，越是不经意的自然流露，越发见得尊重的可贵。

聆听也是不可缺的沟通之道

[1]

关于说话，《菜根谭》中写道："使人有乍交之欢，不若使其无久处之厌。"

我们现在可以理解为：既要让别人初识便有相见甚欢之感，更要在长期交往中把握分寸不让人讨厌。

怎样聊天才能让人有"乍见之欢"，又无"久处之厌"呢？

[2]

我们喜欢听一个人说话，两种情况：一是精神愉快，比如恋人之间的耳语，朋友久别之后的闲絮，家人之间的嘘寒问暖；二是有积极的作用，交流有效信息，比如竞争对手的方案汇报，枯燥的课堂上老师的讲授，如坐针毡地听领导分配任务。或者两者兼具。

跟真正用心聊天的人聊天，往往两者兼具：既能让人精神愉悦，彼此尊重，互相在乎，又能用彼此听得懂的语言，实现信息交换，感情交流，以增加认知或者解决问题。

[3]

实际交往中，有些人会只顾想着接话，不肯放过任何发表观点的间隙，不分场合地点，打断别人也在所不惜。

给甲方汇报方案，一个超高层项目。涉及很多技术问题，邀请了各个专业的专家与会，就相关专业的技术问题做概述并且解答疑问。

甲方团队有一个经理，每次有人讲话，就会抓住一个点，发表自己的看法。超高层建筑设计涉及的复杂问题，不是外行临时抱佛脚能补出来的，这个经理说出来的都是站不稳脚的模棱两可的东西，在哪本书上查到什么，在哪里听说过什么……

专业的讲解数次被打断。

甲方董事长也听不下去了，多次阻止："先听专家说，我们随后再聊。"

回来路上，同事说，是新上任的经理，急于表现自己吧。

通常来说，在有人的地方，一定要开口说话，否则别人没机会认识你。但是，不顾及场合和背景，一直开口说话表现自己，只会让别人认识到一个不招人喜欢的你。

[4]

蔡康永在《说话之道》里写："每个人在聊天的时候都想聊自己，这是人类的天性。"

与人乍见，若尊重"天性"聊自己，比较省心，也比较冒险。

一对男女在父母安排下相亲，男生回家说女孩不爱说话，基本都是他在说。

父母问他都说了什么。他说："一直在讲计算机程序和编程语言，女孩一直说听不懂，我就解释给她听，解释了两个小时。"

我上大学的时候，这被当作一个笑话在工科生中流传。

一直聊自己，结果往往是"乍见"不"欢"。

不管对方是不是面露难色，抓住自己感兴趣的话题，一直聊下去——对方转换话题，一两个来回又被拉回去；即使对方的回答从积极反馈，到消极反馈，到笑而不语，也不停止。

最后只好不"欢"而散。

天性碰上天性，收敛一点，让别人的天性也释放一下，给别人机会聊自己，对她感兴趣的话题表示好奇和关注。

"世界上最令人印象深刻的，是给予别人百分之百关注的人。"

专注地聆听别人讲话，会让他感受到自己重要、精神愉快，自然也会对你这个人印象深刻。

[5]

还有一种人，不仅聊自己，还处处"用心"表现出自己的格调和品位，跟大家不在一个水准上。

动不动就讥讽别人的品位，嘲笑别人的见识，口头禅是"最看不起那些……"

同时为了彰显他的见识和品位，三句话离不开高大上，拿着5000块钱的工资，提到工作，张口闭口融资，上市；自己一年不看一本书，谈到阅读，说这个肤浅，那个低俗；说起吃的，哪怕正坐在路边吃麻辣烫，也要一遍一遍说那个神户牛肉怎么神奇……

然后口若悬河，滔滔不绝。

能不能好好聊一个天，接地气儿，生活化？

[6]

另一种"高人一筹"叫作——你那算什么，我这样才厉害。

"我们师兄又发了一篇SCI，第3篇了，请我们吃饭庆祝……"

"这有什么庆祝的，我一个师兄发了一篇影响因子特别高的……"

或者：

"下午见到导师的女儿，可漂亮了，跟小林青霞一样。"

"漂亮有什么用，听说有一个老师的女儿特别优秀，要颜值有颜值，要才华有才华，哈佛的高材生。"

处处都要用"比较级"。

甚至，有人说："昨天加班到两点，终于按时出图了。"她也要把话接过来："两点还拿出来说，我去年通宵过多少次都数不清了。"

总之，不管别人说什么，都能东拉西扯，证明"你那不算什么"。然后，天就这么被聊死了。

你那么厉害，知道那么多，放在心里就好了，随时随地地挂在嘴上，作用跟小丑的红鼻子是一样的，引人注意的同时也引人发笑。

[7]

相比"乍见之欢"，"久处不厌"更难。

真正厉害的人，不会着急着在一句话上争高下，来日方长。

有一个朋友，音乐人制作人，好作品无数。

第一次见面就聊得很愉快。

他没有跟我大谈音乐创作或者高深的我听不懂的东西。即使谈到对音乐的理解，也是从最通俗的开始，条理清楚，一直观察我的反应，根据我的反馈，一点点往下聊。

也会对我的专业和工作感兴趣，认真地听我说，认真地发表看法，基本把说和听的比例控制在每人一半。整个过程很舒服，和谐有趣，笑声不断，相见恨晚。

倒是我们楼底下一个吉他培训班的老师，处处"留心"讲音乐，抓住一切说话机会表现自己的音乐素养，开口海顿，闭口柴可夫斯基，一堆普通人听不懂的理论，见人就说。大妈跳广场舞的曲子，也批评说品质不高，感慨"音乐已死"。

[8]

之前学跳舞，曾经听到男神跟他的徒弟讲："你们要学会判断女伴的舞蹈水平，用对方能把控的动作引带，循序渐进，好接受也容易学到位；太难会让对方难以招架，也不利于进步。"

真正的高手，从来不着急炫技。

跟不同舞伴跳舞的感受千差万别，不仅仅来自于每个人的表现方式不同，更多来自于是主动配合彼此，还是只顾自己。

我想，说话也是一样的。

懂得多的人，不需要随时准备碾压对方。

了解对方的认知水平和接受水平，给予彼此尊重，让谈话处于和谐氛围中，才是正确的聊天姿态。

[9]

用心聊天，是一门学问。

真正的用心，不是挖空心思多说话，更不是只想着表现自己。彼此尊重，循序渐进，才能让人"乍见欢喜"，又"久处不厌"。

让人三分不吃亏，容人三分无损失。

知道得越多，越要懂得适时闭嘴。

逞一时口舌之快，释放了"天性"，也给自己的穿上了一件"好笑"的外衣。人和人之间的交流，要比口若悬河丰富得多。

在一群没有打过高尔夫球的人面前肆无忌惮地谈论老鹰球和小鸟球，并不能显得见多识广；

在一个航天航空专家面前，炫耀道听途说的北斗系统的基本信息，并不会显得很健谈；

在别人的主场上，唾沫乱飞的说自己的事情，并不会给人技高一筹的好印象。

适当的时候闭嘴，反而能赢得更多的尊重。

高情商是建立在尊重别人的基础上，表现自己也必须建立在礼貌的基础上。

话多不代表说话用心了，懂得聆听才是更高级的说话艺术。

毕竟——这个世界需要发声，但不需要聒噪。

你们的关系还没有好到你要说那么多

[1]

昨天，一个多年没有联系的同学突然在QQ上找我，问我：在吗？

因为毕业以后就再也没有联系过，我本能地警惕了一下，怀疑她的QQ是不是被盗了。但本着看到信息不回复是不礼貌的行为的态度，我回复了一个"嗯"字，并提防着，看她有什么企图。

得到我的回应以后她便开始继续她的话题："好久不见了，最近在忙什么呢？好久不见了，你还记得我这个老同学吧？时间过得很快啊，一转眼就八九年了，当初我们在一起的情景我至今还历历在目。"

我努力回忆，搜寻我们的交集，凭借着还不算太糟的记忆，想了好久也只想到她是我的初中同学而已。我们也许在课间上下楼梯相遇的时候曾彼此示意微笑，也许在下课的时候曾一起走出教室，但我们之间有过什么难忘的记忆，我还真想不起来。出于礼貌，我还是回了一句："是啊，时间过得真快！"

在客套了一番之后，她才终于说出了她的目的："我下周去广州找你玩吧，这么久没见面，你肯定也很怀念我们之间的情谊，正好我们可以叙叙旧。"

说实话，收到这样的信息我有点尴尬，先不说叙不叙旧的问题，凭我们之间的交情，还不至于深到八九年不联系，再联系还跟当初一样热情不减的程度。我纠结了很久，还是想不出应该怎么给她回复，最后干脆不了了之。

不是我生性冷淡，我实在是不知道该怎么定位我跟她的关系，我无法想象一个过去没怎么交情的人，在相隔八九年再见面之后会是怎样一种尴尬。她将这个叙旧视为"深厚"的交情之下的理所当然，事实上，她应该明白，我们的关系并没有那么亲密到那种程度。这种不合时宜的提议，连同一种莫名其妙的尴尬充斥着我整个身体，让我措手不及。

[2]

说到这里，突然想起闺蜜跟我说过的她大学发生的一件事。在一次公共选修课上，由于出门晚了，她到教室的时候已经开始上课了。这门课是跟隔壁班的同学一起在大教室上的，所以教室都坐满了，唯一的空位是在同班同学旁边，闺蜜想都没想就走过去走下了。

闺蜜一坐下，这个同学就巴拉巴拉说起话来。闺蜜跟这位同学并不熟，但对方却能从天文谈到地理，从生活琐事谈到人生道理，一边说还不忘征询闺蜜的意见，叽叽喳喳的让闺蜜很不舒服。

课堂上，隔壁班的一个男生频频对闺蜜投来暧昧的目光，这被眼尖的同学看到了。于是她杵了杵闺蜜的胳膊，对闺蜜说："你发现了没有，隔壁班那个男的一直在盯着你唉，你看看他的眼神，好猥琐啊。听说他找了一个长得很不错的女朋友，有女朋友还看别的女生，也不知道他女朋友是怎么想的，怎么会看上这种人！"

那男生不是别人，正是闺蜜家的男朋友。听完同学的吐槽以后，闺蜜很淡定地说了一句："我觉得很正常啊，哪里猥琐了？"

大概被闺蜜的话惊到了吧，那位同学还试图纠正闺蜜的"人生观、价值观"，却被闺蜜一句话堵住了嘴："我不觉得我男朋友看我有什么猥琐的，我爱他，因为他身上有独特的魅力，这是不了解真相的人无法理解的。"说完以后闺蜜转过头继续听课了，留下她那位同学杵在那里尴尬掉了一地。

有一种人，刚刚认识就跟你大谈人生观、价值观，不明真相还对某些事情大发言论，最后不仅尴尬了自己，还终结了两个人的关系。

[3]

不要交浅言深，是因为，你无法预测对面那个曾经发誓坚守秘密的人，一转身便把你的秘密当作笑话一样跟别人说，做出怎样一番违背约定的事。

高二那年，我疯狂暗恋我们年级重点班的一个男生，由于这份感情暗恋得太辛苦，我跟我们班一个我自认为感情很好的女生分享了这个秘密，并恳求她不要透露给第三个人，她也信誓旦旦地答应了。

结果她违背了誓言，把这件事情添油加醋地跟别人说，一传十、十传百，故事最终被传为我死皮赖脸地追那个男生，被人家拒绝了还不放弃。最糟糕的事情传到班主任那里，我被叫到办公室谈话两个小时。

我太高估对方与我的交情，我单纯地以为她会为我保密，结果只是落得被别人取笑的把柄。心无城府，乐于分享是一件好事，但必须要分清对象和场合。

社会渗透理论告诉我们，关系发展的过程是由较窄范围的表层交往，向较广范围的密切交往发展的。在双方了解程度还不够的时候，切记不要对别人投以爆发式增长的热情，因为你守口如瓶的秘密，很有可能成为别人滔滔不绝的谈资。

人际交往中，当你的关系跟别人还没亲密到某种程度的时候，请不要做出超出你们关系所能承受的决定，切记不要交浅言深。

02

让你的话
多一些分量

不能好好说话就别说了

在我从小到大的成长过程中，受我父母的影响极深。我爸是属于那种内敛性格，他的文字可以妙笔生花但却不善言谈。我妈待人却极热情、口吐莲花。

很自然，周围的亲戚朋友以及我从小到大的同学朋友对我妈妈都赞誉有加。因为我妈身上有一个致命的优点就是，甭管什么情况遇见什么事，即使是跟我爸在大吵，一旦有人来了我妈立马笑脸相迎，喜笑颜开。待人的那个热情劲儿让人感动，这不禁让我想到了《红楼梦》中的王熙凤的开场"粉面含春威不露，丹唇未起笑先闻"，是的，毫不夸张地说我妈就是这样一个人，因为妈妈是医生，以至于很多和妈妈素未谋面的患者都会找她来看病，因为我妈能迅速让这些人感觉到如亲人般温暖。

尤其在工作后，我更加意识到了好好说话的重要性。这里的好好说话不单纯指态度好，还涉及人与人之间的尊重、一个人的教养、思维逻辑、换位思考等多方面。

[你我素未谋面，请给彼此留下一个好印象]

网络的快速便捷让人们有了更多的交流空间，而目前最主要的交流方式似乎是微信。我遇到过很多人，莫名其妙，不知什么原因加了你，开篇第一句话就是"你谁啊？"我还没搞懂你为什么加的我就问我是谁，如果你耐着性子回答了他，那么接下来就会问"你多大啊？""你在哪个城市啊？"

我只想说我没注册过世纪佳缘、百合网之类的交友网站，咱有事说事，你别整的跟调查户口似的。

如果有事儿，请直接自报家门说事儿，不要浪费别人的时间。如果想交朋友请事先做好攻略，别问这种幼稚直接的对话显示智商和情商的问题。咱俩素未谋面，请给彼此留下一个好印象。

[有话好好说，别人为你做事都不是应该的]

碰到过最多的人就是想进某个群，加了我之后直接说"拉我进群"，言简意赅四个字，我倒不是很介意这个问题。但是我想给大家提个醒，如果您把这句话改成"圆脸姑娘你好，请问您方便拉我进某个群吗？谢谢，麻烦了。"那么我想即使我很忙碌，我也会第一时间拉您进去的，并会回您一句"不用客气，应该的。"人与人之间的尊重都是互相的，并且我会很乐意给你提供更多的帮助。

再说一件事，记得一个情人节，晚上出去觅食，由于吃饭地方的情侣很多，所以好不容易找到一个位置，四人桌，旁边是两个刚吃完饭的姐姐盘子还没有被服务员收拾干净，我在她们旁边坐下。待我去取面的功夫，对面就坐了一个眼镜男。并且理直气壮的跟我说有人了，我说："不好意思，我刚刚就坐在了这里，要不你们收拾一下坐旁边？"眼镜男无比坚定的摇头还说了句："不可能。"看他这个态度我就觉得我必须要坐下，待我落座，眼镜男还冷嘲的说了声："真搞笑。"他这一系列的行为最终导致我吃面速度比平常慢了五倍，而且还一直吃吃停停玩手机。以至于在我吃到一半时，眼镜男抵不住压力去找别的座位了。

其实回想这件事，如果最开始眼镜男就跟我说"不好意思，今天人太多了，占了你的位置很抱歉，这儿旁边有人吗？"那么我很可能会识趣地走开，因为餐厅一个人的空位好找，两个人的位置确实蛮难遇。但他却采取了最尴尬的方式来说话，由此我觉得互相尊重是件多么重要的事儿。

[你不是没耐心，你是没教养]

有这样一种人，突然之间跟你说话，你稍一回复的有延迟，立马多条信息来轰炸你，"你在干吗？""怎么不说话了""人呢？""喂，能不能说话了？"更有甚者会因此直接把你拉黑，等你上完洗手间回来还没等弄明白什么情况呢突然就是"请通过好友验证"，遇到这种人直接想回复两个字"呵呵"。

对这种人特别想说并不是所有人都像你那么闲，你以为这是找陪聊呢？还得24小时随时在线为你服务。真有事请留言说清楚，别人忙完或者登录微信看到是重要的信息肯定会第一时间来回复你，耐心等待给彼此留点空间。

你不是缺少耐心，而是你压根就没考虑过别人是否在忙，是否有紧急事情在处理，又或者是不是出现了特殊情况。你自身的需求得不到满足，你的信息得不到回应时就将怨气释放给别人，说好听了您这是自私，说不好听了就是没教养。人生不易，多站在别人的角度想想事情。

[你那不是"毒舌"，是单纯的说话难听]

什么是"毒舌"？在我的字典里，我所理解的"毒舌"是有理、有据、直接、毫不留情地说清事实真相，被说一方不能接受，而大众会为"毒舌"者拍手叫好，并且"毒舌"的"荼毒"会让人无法自拔。

我最喜欢的金星老师是最好的实践者，在某一期舞林大会上，金星评价某整容过度舞艺不佳，靠露腿、露胸博眼球的女星说："女人的性感不是靠露多少肉来表现的。呵呵，看完你的舞，我才知道女人的性感和露多少肉一点关系都没有；女人的性感不是摆在桌面上的，如果你放在桌面上，上杆子的不是性感而是猪肉。"一时间引来众多网友纷纷拍手叫好直喊畅快，是的，金星的"毒舌"让人听着过瘾，句句在理说得是那么回事儿。

我曾遇到过一个人，毫不夸张地说但凡认识她的几乎没有一个人会喜欢她，与她打电话，她会直接说"你说话能不能小点声？这么简单你都做不好你傻吗？"这种人真的很想回她一句，"说话不过脑子好歹你也别进行人身攻击行吗？"能做到让所有人都不喜欢也是挺难的。

这个社会需要"毒舌"，需要有人站出来敢于淋漓畅快的说真话，如果每个人都曲意奉承不痛不痒的说话那和装在套子里的人有什么区别。但是"毒舌"和你说话难听不是一回事儿，别用"毒舌"这个漂亮的外衣去包装你那丑陋的语言。

还有一种人就是觉得我从小到大说话就这样，没有人能改变得了我。当然每个人都有自己说话的方式和权力，这个的确别人管不了，但这些人日后碰了壁或许能好一些，这世间最难改变的就是人的思想，如果是作为朋友可以好心建议但别过了头，点到为止即可。日后碰壁的个中滋味留给他们自己去体会未尝不是件好事。

[咱俩真没那么熟，开玩笑请注意分寸]

曾经有一个初中同学，仅半年的同窗时光，我依稀对他有些印象。大学的时候互相加为好友，原本想老同学可以叙叙旧，结果没想到我朋友圈发个美食他会回复"噎死你"，染个头发他会回复"黄毛怪"，转发个文章他会回复"真矫情"，就连换个头像都会被他说"这太丑了，能别来祸害朋友圈么？"我只想说

"请滚出我的朋友圈"，果断拉黑没商量。

咱俩关系还真没好到我可以容忍你一切的地步上，玩笑不是这么开的，你该让我同情你智商低还是可怜你情商也不高呢？

[说话有头有尾、清晰有条理]

我特别怕的一种情况就是某个人突然之间跟我说一句没头没尾的话，让我不知道怎么接，去询问怎么了？结果人不见踪影了，于是你这一宿都睡不好觉，会担心是不是有什么事呀？于是反复揣测琢磨。简直是熬人心血。

相反我特别欣赏一种人，就是讲话有条理、清晰有分寸，有头有尾，善始善终。沟通一件事的时候能迅速抛出重点，两句话能解决的坚决不说十句。任何一个成功者他们说话也好，演讲也罢，逻辑思维能力都超级强，会让人迅速抓住重点。这不仅是一种语言能力，更彰显的是人格魅力。

每个人都会说话，但也有太多的人"不会说话"。甭管遇到什么事，请你好好说话。如果做不到，那就尽量别说话……

所有的微笑与脸红，你终是一个人

闺蜜推辞了一个饭局，是在我面前推辞的。她推辞得爽快，电话里，都可以感觉到对方的措手不及。挂完电话，就挽着我的手赴只有我俩的聚会。

我说："其实……没关系的，我们可以改期。老板，毕竟也是付你薪资的人，总不能摔面子。"

说完这句，虽然觉得自己特别俗不可耐，可也是真心的。

闺蜜说："我并不是讨厌老板占用我的休息日，让我应酬，我只是讨厌坐在饭桌前，面对不熟悉的人，无话可说，无话可接，只能呵呵笑的尴尬。"

于是，我想起前些日子微信圈里一个朋友的状态：如果死亡是一种解脱，不善言辞的人在饭局上的每一分钟都是在等死。

我跟了一条：是不是终于明白了什么叫度秒如年。

这个世界并不是每一个人都适合于饭局，饭局也不适合所有人。我曾跟朋友开过玩笑，适合饭局的人大抵有三种：一种相当于一桌餐中的主菜，色调明媚、艳压全场，这类人不需太动声色，就可以运筹帷幄；一种相当于甜品，处于调色调味状态，这类人插科打诨，成也饭桌，败也饭桌；一种相当于主食，天生被离不开，自己也喜欢，这类人沉静不显眼，但不可或缺。至于不善言辞的人，不过是那些摆在人前的小碗、小筷、小碟子，虽然大多数时候都是坚持到最后一刻，但也是随时可替换，随时可遗弃的玩意。

刚入职的时候，每逢年底，单位会举行一次大聚餐，不过这样的大聚餐只进行了两年，后来就取消了。大聚餐的座次是随意的，于是，胡乱坐到某一群陌生同事中间，开始了为时一个小时的聚餐。

如果把聚餐仅仅定义为吃饭，那就大错特错了，你会发现，当还只有两三盘冷盘的时候，已经开始了第一轮敬饮料。记得我刚进单位的时候，一个老师傅与我说："有些人能把喝饮料喝出酒的气氛，而有些人就算喝了酒，与喝饮料大同小异。"他显然是在意会，饭局并不仅仅是喝酒，在喝酒之外也大有深意，我自然是不懂的，我到现在也不懂。

没多久，桌子边就只有我一个人了。我觉得自己仿佛成了那个联欢会里被遗弃的孩子，因为胆小，而不敢上台，不得不站在台下，看他们表演。可是，心里也会有一点点羡慕于他们的大胆，看他们的眼神里的光芒和对自己的不屑一顾终会如坐针毡，可是自己却始终迈不开那一步。我尴尬地一个人，一个人低着头吃了很久。

其实，后来，我也是有去敬饮料的，只不过夹在一大批新同事之间，排着长长的队伍。人事科长一个个地介绍，姓名、单位，但也不过是走马观花，领导过目，云烟而已。但有些人可以让领导轻而易举地和她一干而尽，而有些人不过是问了个名字，就走了。比如我领导问："你叫什么？"我轻声地说："小谢。"领导看了看我，我的脸早已发烫，说了声谢谢就跑了。终归是完成了分内的任务，但那一天的场景，我心有余悸。

我并不认为在饭局上与人敬酒是什么天大的事，我更不认为与客户、与领导敬酒有任何谄媚之意。但饭局天生就不是不善言辞的人的战场，就算你身着千万铠甲，在饭局里你也会头脑一片空白，不知如何应对，最后不战而亡。在尴尬的气氛里，你好像除了吃和笑，并没有更合适的表达方式，而至此，你也成了这个局外人。

有些人天生很擅长饭局。比如有人曾写林徽因，说她无论是："太太沙龙"，还是饭局上，只要她一出现，别人就没有说话的余地。她不是范柳原说的那种，善于低头的女子。老实说，在我身边也有一些同龄人是饭局的天生高手，从落座的那一刻，就开始自来熟，天南海北地聊。有时，人与人之间的关系很近，三五个人，就发现彼此之间的联系，顿时成为老熟人。这样一来，不善言辞的人无意间就成了比较级，往往是答一句问一句，从姓名到家庭地址，到父母工作，到你现在的工作，然后，就没有然后了。他长袖善舞，你沉默不语，你早就成了那个被遗弃的人。唯一与你做伴的，是桌子上的菜，只有它，还是你孤独的伙伴。

后来，我去饭局就开始有选择了。首先，先问清楚有没有既知的"自来熟"，毕竟每一次成为那个比较级，结局也并不光彩；其次，看看有没有臭味相投的人，如果有人与我一样沉默不语，只愿意大块吃肉，不愿意大碗敬酒的，同类项合并；最后，就是看心情了。作为不善言辞的人表示，在心情抑郁期，只想谁都不理不顾，又何必多一个不得不理和顾的人呢？

这样一来，往后的几年里，尴尬的饭局基本被清零了。在饭局上默默无语，也时常有伴，偶尔相视一笑，竟觉得有一种偷来的快乐。而我也逐渐走出了饭局的阴影。

是，这些年更多了一些一两人的聚会，是会说会笑的聚会，与饭局截然不同。

有人说，饭局是个江湖，不是大侠别随意行走。我对于饭局并没有任何恶意，相反，我只觉得是自己没有这个饭局的缘分。作为一个不善言辞的人，在这四五年里，开始慢慢懂得一个道理：别随意拿起你的短剑乱舞，所有的短板，都要绕着行走，人生漫漫，你不愿意的就断、舍、离，你愿意的就笑语盈盈地接受，因为你终是一个人。所有的微笑与脸红，你终是一个人。

学会做一个好的倾听者

最近开通了在线问答，有一个粉丝问我，她总觉得无法抓住别人的嗨点，很难融入大环境，问我怎么办？这其实是很多人都苦恼的问题，我到现在，都仍然不是那种特别会说话的人。而且也不可能每个人都像演说家那样，能够轻松调动起他人的情绪。

但我把很多年前，一位朋友送给我的话，送给你们——这世上其实不缺夸夸其谈的人，更缺的是好的倾听者。

所以，我见到大部分为情商问题苦恼的人，普遍的障碍都是，她们都在急于融入环境，不停地否定自己太不会说话，却根本没有把神经放松下来，去做一个好的倾听者。

真正的高情商，真的不只是会说话！

[擅于倾听，也是一种存在感]

蔡康永在《说话之道》写过一篇文，他说："每个人在聊天时都想聊自己，这是人类天性。"但一个"上道"的朋友，是即使听到对方废话不断，仍然能专注地倾听，做一个奉上耳朵的人。

当然，我知道，很多人会问，这样会不会让别人忽略我的存在？这是很多人的误区，那些没有存在感的人，并不是因为他们不说话，而是他们缩在角落，散发出一种气息：别人与我无关。他们已经被自己内心的挫败感击倒，根本没有能力再关心别人，虽然别人说的话，仍然会主动跑到他们的耳朵里！

我相信，当一群人都在急于聊自己的时候，那个认真倾听、适时说话的人，一定是大家最想交的朋友，因为他令人感觉到被尊重、被关心，诚心而且靠谱。

[你要先会听话，才能会说话]

老人常言，晚说话的孩子，会说得更好。我后来观察到的是，那些晚说话的孩子，说话条理性、逻辑性都更好。他们往往不是从一个字一个字开始说话，而是很快就能说一句句。为什么？因为他们很认真地听大人说话，而且真的会举一反三的说话。他们会喜欢更完整地表达。

我常常跟我的90后下属说一句话：你等我说完了，你再发表意见。其实现实中，很多人说话都会存在这个问题：把别人的意思断章取义、甚至根本会错了意思，然后就开始急于表达，或者根本不表达，就让错误继续下去。

所以，我觉得锻炼自己职场能力的最佳办法，就是做会议记录。我让我的下属做过一次会议记录，字数极少。我问她，为什么字数这么少？她说这就是她理解到的东西。她认为的会议记录，就是站在她的角度，去解释会议内容。事实上，这就是一个非常大的错误，你连词汇都还掌握不全，就已经试图去翻译，结果就是错漏百出，根本不是对方原本要表达的意思。好的记录，就是尽量还原那个会议的场景，记录沟通的全部过程。这样以后有任何问题，都有证可循。

这是很多情侣吵架的原因，有多少人都是在分手后，想起过往，才发现，其实根本没有领会到对方的真实意思。有多少误解、误会，都是源于听懂的太少。

[喋喋不休的人更令人讨厌]

在我听到的相亲故事中，那些相亲直接被拒绝的男人，往往都有一个通病——在吃饭的过程中，一直说个不停，而且他说的每一句话都是以"我"字开头。

我做什么工作，我买了房子，我买了车，我想要一段什么样的婚姻，我希望以后能过什么样的日子。

但凡这样的男人，即使优秀，也多半会被拒绝，因为每个女人听到这样的话，内心都有一句：都是我，你以为你是谁啊？！

那些站在台上，每个人都期待渴望听他们说话的人，那些演说家，绝不会只是因为他们足够厉害，他们就是想喋喋不休的表达自己，而是他们始终表达着一种很高级的语境——我和你有关，我说的都与你们有关，我希望我说的对你们有意义。

想要在人群中有存在感，绝不是靠不停地说话。即使很会说话，讲上两个小时，也会令人生厌。适度沉默，才是好的表达者。因为，沉默，才有空间，才是更充沛的情感流动。

[做一个敢于承认"听不懂"的人]

如果，我说，现在，我真的怀念当年那个有很多听不懂的阶段。你们相信吗？

刚毕业的时候，我真的听不懂上司们说的话，甚至连他们日常聊天，我要听懂，都很困难。可是，我真的很努力、很认真地听。我师傅说，现在还记得当年的我，瞪着一双牛眼，很认真地坐在旁边听他们说话，思考的时候，眼珠还骨碌碌转。他说，那个时候，他就知道，孺子可教。

听不懂，没关系，把那些记下来去查，去问。慢慢地，越来越能理解到很多内涵点。当你听不懂的时候，其实恰恰正是你最好的成长时机。有时候，做一个会听的人，其实比会说，能学习到更多。

人和人之间也是这样，那个敢于虚心说"我不会"的人，往往能得到更多帮助，虽然会不可避免面对某些轻视。那个敢于承认"听不懂"的人，一定比装着听懂、放过自己的人，要成长的更快速。

草在结它的种子

风在摇它的叶子

我们站着，不说话

就十分美好

每个人都向往这样一种情感，不那么仰仗言语的沟通，就能心意相通。很多人也向往拥有科幻小说武侠小说里那样的读心超能力，可对我来说，以前觉得是自己不擅长说话，所以只能做一个好的倾听者。可渐渐当很多人都根本不相信，我不善言辞的时候，我却觉得，一切功能归功于多年的倾听。包括成为一个好的作家，也是因为，很多人信赖我的耳朵，所以我知道了很多人真实的内心。

不是只有会说话，才能叫高情商。一个令人舒服、放松、愉悦的倾听者，远比一个夸夸其谈貌似占据上风的演说家，能收获到更多的真情和真意。

所以，如果你是一个好的倾听者，千万不要感觉卑微，因为你的存在，太重要了。比如我，就绝对不愿意失去那个能听我好好说话的朋友。

哪怕陌生人，也是有话可聊的

我发现，初入社会，初入职场的许多年轻人，常常为人际关系而感到困惑。而这些困惑当中，最突出的一个就是，和人打交道的时候，没有话说。

要想成功就必须拓展自己的人脉，这个道理几乎人人都懂。但是，人脉怎么来？许多人束手无策。首先我们要主动出击，跟那些不认识的人搭上关系，通过交流交往，最终找到臭味儿相投、三观相合的朋友。

然而，即便你知道要主动出击，可是在许多陌生人聚会的场合，比如酒桌饭局、读书会社、学习课堂、旅行途中、论坛party，最大的障碍，就是不知道跟那些陌生的人如何说话，甚至找不到话说。

我认为，在社交场合和陌生人要找到话说，其实是很容易的事情。你只要用好一个成语——起承转合，就够了！

往下讲之前，解释一下起承转合的原意。

一般而言，起承转合是指艺术创作常用的结构技巧之一，泛指文章的写作手法。"起"是起因，文章的开头；"承"是事件的过程；"转"是事件结果的转折；"合"是对该事件的议论，是结尾。其实就是激发思路、延续思路、找到话说的4个方向。

"起承转合"4字连用，出自元代范德玑的《诗格》："作诗有四法：起要平直，承要舂容，转要变化，合要渊水。"这里讲的是起承转合的具体要求，就写诗而言，做到这些要求，作品当然能够达到意蕴生动。讲话不需要那么多的文采，尤其是日常的交流，还是说点大白话为佳。

按起承转合本来的意思，它是有先后的顺序的。但是将"起承转合"4字拆开，作为和陌生人聊天时的4种方法，就没有什么顺序了，可以单独使用，也可以合并使用。

我建议，如果你想跟陌生人聊天有话说，一定要掌握以下4种方法。

第一种方法：起。

起，就是引起、发起话题。跟一个或者一群陌生人在一块儿，总要说点儿什么。天文地理，政治经济，宗教历史，娱乐八卦，家长里短，轶闻趣事，见闻心情，等等，都是可以拿来说的话题。

引起话题有两种方法：一种是直接陈述自己的观点或者故事，从而引起对方的兴趣并发表意见，展开讨论。如果出现沉默或冷场，大胆地引起新的话题，千万不要担心，别人没有什么兴趣，或者觉得你很幼稚。

一种方法是以提问的方式，引出对方的答案，接着给出自己的意见并进一步引起讨论。提问是最好的引起话题的方法，尤其是你真的不知道说什么东西，怎别人感到有兴趣的话，不妨问对方最近去什么地方？在看点什么书？最近在忙着什么？等等，开放性的问题，可能引出双方都感兴趣的话题。

第二种方法：承。

承，就是延续、引申话题。承的目的是为了避免话题跳跃得太快。任何的话语都包含多重的意思，或者许多个关键词，如果不善于掌控思路，就很容易在一些次要的关键词或含义上，把话题引向新的方向，尤其是引向不重要的无聊的旁枝末节。

有些人思维表现太过于跳跃，就是不善于在别人关键的观点与话语当中去做延伸。

要学会在一个时间段里，尽可能沿着一个话题去展开。如果一个话题双方意犹未尽，你就扯到新的话题，不仅可能浪费了一些好的话题，而且会让别人觉得你这个人思路不严谨，不是一个很好的交流对象。

第三种方法：转。

转，就是转移、反转话题。转移是从内容上新起话题，反转是指观点的逆向思考。

这里的所谓转移新起话题，并不是像第一种方法的起，前边的起，是全新的话题，我们可以说，咱们换个话题吧！而这里的转移，是有关联的新起话题，比如从如何找工作？转移到如何提升自己的能力，才能找到好工作？从不知道如何读书，转移到现在很多图书滥竽充数。

反转的意思，刚才说是逆向思考。你可以提出一些和别人相反的观点，但千万不要表现出来是在抬杠，是在自我表现，是为了贬低别人。你不要说，你们的说法都是错的，而要说我们不妨反过来想一想。或者说，这个看法，别人可能会反对，他们怎么怎么认为。

第四种方法：合。

合，就是总结、升华话题。跟陌生人聊天，有的时候纯属闲聊，交流感情，交流信息。但有的时候我们也需要获得某种价值。

合的方法有3种。第一种，概括别人所陈述的一些观点与信息，向对方进行确认。第二种，发觉别人所说的一些故事背后的含义，向对方进行确认。第三种，把别人所说的某些观点意见进行拔高，充分肯定微言大义。

请注意，这3种方法都是以对方为中心的。因此，你这样做的好处在于：一方面，对方会感到被理解和尊重。另一方面，你们彼此之间也找到了更多的话语。

我相信，你只要懂得了这个起承转合，以后再也不会害怕跟陌生人聊天没有话说了。

拍对马屁
也是一种实力

[1]

前几天单位一个同事辞职，我请他吃饭送送他。每个人离职都有自己的理由，无非是发展空间小、挣钱少、责任大、事儿多、离家远，等等。

席间他跟我讲单位的另一个同事B，说B就是个马屁精，可领导就是喜欢他，自己吭哧吭哧从早忙到晚，为公司做了那么多事，还不及人家一两句好话有用，心里这个憋屈。

憋屈归憋屈，班还得上，事儿还得办，费力不讨好的事儿每天都发生着，领导还是不重视他，同样的岗位，同样的入职时间，人家晋升了，他受不了就递了辞呈。

领导也是一副爱谁谁的样子，公司这么大，少了谁都一样，想走就走吧！

于是就有了饭局上这一幕，酒过三巡他几度落泪，感慨苍天不公，领导不怎么样。

会办事儿的马屁精，就是比你混得好！

[2]

公元1773年，23岁的和珅得到乾隆皇帝的赏识。历史上的和珅相貌清秀，知识渊博，精通四国语言，早期为官清廉，在关键时刻总能发挥作用。

和珅就是一个典型的马屁精，他知道乾隆爱戴他的母亲，所以使尽浑身解数讨好皇太后，皇太后去世的时候，和珅竟然和皇上一起痛哭流涕，几天不吃不喝，赢得了乾隆的好感。

真正的马屁精都是善于揣测圣意，和珅简直就是皇上肚子里的蛔虫，他总能够在皇上危难的时候为他赴汤蹈火。哪个领导不喜欢这样的员工啊？

乾隆晚年，有点糊涂，开始自以为是，觉得自己比他爹（雍正），他爷爷（康熙）还牛，然后就天天坐那吹，好大喜功，和珅就在旁边跟着捧。乾隆他儿子都看不过去了，老爹一死，赶紧把和珅给办了，这不查不知道，一查吓一跳啊！和珅家里搜出来的钱，赶上清朝15年的财政收入。

历史学家分析，这个和珅贪了这么多钱，乾隆是傻子吗？一点都不知道？不可能！皇上什么都知道，他就是舍不得这么个人，就是喜欢他，睁一只眼闭一只眼。

[3]

回顾一下小时候看的《还珠格格》，小燕子就是一个十分精明的马屁精，她的精明之处就在于，她本来没啥本事，啥也不会，却能把皇帝逗得哈哈乐。

像"古有乾隆，谷不生虫"这样的打油诗，看似粗俗浅薄，实际就是以最明显又幽默的方式来告诉她的干爹："皇阿玛，你真的太厉害了！"

连小燕子都懂的道理，人们常常不懂。以为踏踏实实干工作，勤勤恳恳做事，总有一天领导会发现你，这个有可能，但是比较难。

你以为马屁精容易啊？一般人还真做不了这个。

[4]

首先你得有智商，你得有能力，会在关键时候为领导出头。

你就在那闷头做事，领导想干点啥，叫唤你一声，半天都没人答应；领导去你屋里转转，看看你的工作，你连杯水都不给倒；下了班，领导想让你帮个小忙，让你去接个孩子，你那一脸苦瓜相。哪个领导喜欢这样的？

换句话说，连业务能力都不熟，也没啥资格拍马屁。领导要你出个草案，你吭哧吭哧弄不出来，勉强弄出来，领导给你改了半天，你傻了吧唧还在旁边夸呢："哎呀，不愧是领导啊，弄的就是好。"

领导心想了：废话，这用你告诉我啊？我要你干啥啊？

和珅还会汉语、蒙语、藏语、满语呢，你啥也不会就想成为"内务府总管"？和珅从小饱读诗书，你又为了自己的"仕途"做过多少努力？

其次你得有一个基本的目标，你得知道自己要什么，千万别瞎忙活。升职目标在哪？闪光点是什么？再确切一点，就是你得知道领导是什么性格，他喜欢什么样的人，你就去朝着这个方向努力。

领导是实干派，你就别天天扯皮，少说话多做事，察言观色，努力完成所有安排到手的任务。千万别拖延症！

领导若是喜欢开玩笑，就听他说玩笑，然后发自内心地笑。跟领导开玩笑，要十分注意尺度，否则还不如不说。

最后要注意的是，千万别表现出负面情绪。

没有任何一个上司，会喜欢下属每天一张苦瓜脸。一天到晚不是跟领导抱怨某某同事欺负你了，就是跟领导说"哎呀身体难受""工作好多""加班好累""凭啥别人涨工资了"……

反观开头我的那个同事，他觉得自己为公司做了很多事，其实都是分内本职工作，没有什么亮点，也没有什么突出的业绩。并且他的负面情绪非常多，见不得别人好，谁升职他都觉得不配，他这么觉得，也这么说着，说着说着就传到领导耳朵里，领导就更不喜欢他。

　　其实即便是同一个单位，能力相当又一同入职的两个人，晋升之路相差甚远，也是很常见的。生活本来就没有那么多公平，职场技巧不光是拍马屁，实力才是硬道理！

　　你嫉妒那些马屁精的成功，其实就是承认自己的实力不够硬！

　　若是你真有过人的天分和十足的把握，哪个公司都舍不得放你走！

说对话，你的人生 将截然不同

[1]

我刚入职场的时候，一个CEO姐姐跟我说，她每天的工作就是跟不同的人开会。我问她怎么有那么多会要开。

她说："这种会，不是你理解的会。不是从小老师校长给你们开的会。我说的开会，其实就是和各种人聊天。"

只是很简单的一句话。但是，我过了很多年才理解，会聊天在人生中是多么重要。

[2]

前几天，艾老师激动地跟我分享了一个小事。冬日阴沉，一个朋友邀她去家里坐坐。她纠结了很久，终于决定出门。到了那，两人聊着聊着，说起她有一套房子，放了很久，卖不掉又租不了。结果，那个朋友帮她算了个账，打了个电话三下五除二，就让她一年多了几万块的收益，实现当"收租婆"的小理想。

我自己的第一套房子，一样是和朋友聊天，他推荐我买房子（当时我完全不懂投资这回事），他给我分析了，以我的能力和现状，应该买什么地段什么户型的房子。我们讨论完之后，定了一个小区的某一个户型。然后过了三天，他给我打电话，说那个小区，正好有个人急卖，你赶紧来看看。然后，我一眼相中，第二天就交了订金，签了合同。这套房子现在升值好几倍。

很多时候，即使是自以为很熟悉的朋友，隔一段时间不见，你会突然发现，他掌握的、涉及的知识和信息点，是你完全想不到的。

每个人，在生活中都有自己的一套，我们不可能面面俱到，所以，我们才需要朋友，去拓展我们对生活的认知。

[3]

以前的老板跟我们说，他有一个特别爱读书会读书的朋友。别的人可以不见，但这个人，他一定隔一段时间就得去拜访。和他聊上几个小时，就是一次大脑充电。他能把书里的东西，深入浅出的分享给你，完全就是脑力激荡。

我想，我现在真的能理解：人生的改变，真的往往只是一夜之间，一场谈话。

有一次我去北京出差，没有时间见一个小朋友。于是，她定了一张高铁票，跟着我从北京回了杭州。路上六七个小时的时间，我们什么也没干，就是聊天。

后来，她说，这场谈话，改变了她未来的一生。她自以为自己是个混日子的人，但谈完之后，她知道，她以后想做什么样的人了。

所以，真的去珍惜和每一个朋友相处的时间吧。

没时间，就去创造时间！

[4]

我特别欣赏的一位影视投资人从上海过来，吃完饭，我坚持送她到车站，等到她上车再走。她说："不好意思耽误你的时间了。"我说："真的不，这路上的一个小时，这等你上车的一个小时，真的对我来说，如获至宝。"因为她给我分享了一个关于遗忘的小故事——

她在尼泊尔爬山的路上，遇到一个姑娘，她已经完全走不动了。她问姑娘，离顶峰只有一百米了，要不要我拉你上去。姑娘摇摇头。下山的时候，那个姑娘还在那，但是她在哭。她以为她是因为没有登顶而哭。结果，并不是。

姑娘有一个前男友，他们在一起的时候，曾经相约来爬这座山。结果，因为种种原因分手了。在她心中，她一直认为他们还有希望。这一次，她独自来爬山，其实是为了怀念这段感情。可是，当她爬不上去的那一刻，她突然就释怀了。

人生有些事，不是一腔雄心就可以做到。没办法继续，就是真的没办法继续下去了。

这是人心，也是天意。

那么，就好好收拾好自己，准备下山。

这个故事放在我心中，好几天。她走了，但她把这个故事赠予了我。

人内心的某部分松动，并不来自于那些苦口婆心，或者艰辛万苦的寻找，很可能只是来自于某一句话、某一个分享。

我就是这样，慢慢从一个惧怕聊天的人，变成了一个热爱聊天的人。当你爱上聊天，去分享那些人生中值得分享的部分，你自然就变成一个充盈丰沛的人。

所以，你说，约朋友需要理由吗？不需要。

"找我干吗？""什么也不想干，就是想你了，想和你说说话。"

"说什么呢？""只要是你说的，说什么都好。"

你不用次次
有求必应

作为某个领域的专业人士，你总会收到很多这类邮件：很久以前的同事，或大学时代的朋友，甚至这些朋友已经成年的孩子，可怜兮兮地表示想"耽误您一个小时"，或"寻求您的专业建议"，又或者"请您出来喝杯咖啡"。

或许在你刚进入职场时，别人因为想征求你的意见或借助你的人脉办事而约你见面，会让你感觉良好。但是，这种想法很快就会改变。当你每周都收到几十封求助邮件，而处理每件事都需要半小时到一小时时，你会悲催地发现，你的工作效率变得无比低下。

可是，判断哪些求助值得认真对待，却相当困难。如果求助的人和你关系很近，你肯定愿意帮忙；而如果你和对方不熟甚至根本不认识，完全可以直接拒绝。但还有很多人属于"灰色地带"，你没那么想帮他们，但好像也很难说不。这种情况下，你可以用以下五种方式来拒绝或巧妙回避对方的要求：

[要求对方提供更多信息]

有时，人们找你帮忙纯粹是听了别人的建议。如果求助者本身并不清楚为何要找你，就会导致你们漫无目的、低效率地交流。一定尽量避免这种情况发生。因此，除非对方能确切说明想要咨询的问题点，否则最好拒绝。

为有效区分求助者，你可以这样回复："希望我能帮上忙。你能否具体说说想讨论的问题，以及需要我做什么？"仅仅这一小步，就可以帮你过滤掉一大部分不会再回信的求助者。当然，如果他们回信，你就可以引导他们往下一步去：为他们提供相关信息。

[分享信息]

如果了解求助者对哪方面信息感兴趣，你就能提供更有针对性的帮助。人们通常一开始就表示希望电话沟通或见面，而如果你和他们不太熟，那他们就要自己争取这种权利：求助者要先证明自己已经充分吸收了公开资料。

如果你在博客、播客、著作或视频里讨论过相关内容，你可以发送链接，并告诉对方（例如）："你要出版的那本书听起来棒极了。我曾发表过一些关于如何成功发售新书的文章，应该能回答你的大部分问题。如果你看过之后仍有疑问，可以再联系我，我很乐意帮忙。"如果他们回信提出具体问题，那么很好，这证明他们有很强烈的动机，值得帮助。但事实上，这一步之后，你将再过滤掉80%的求助者。

[邀请他们参加集体活动]

如果你想与求助者见面，但苦于没有时间一对一交流，你可以邀请他们参加集体活动。这种方法非常高效，因为一方面你能同时与多人交流，另一方面求助者也有机会认识新朋友。如果你不想自己组织活动，也可以邀请他们参加你计划出席的社交早餐会或业界人士聚会。

[推迟接受请求]

保护自己时间的另一个方法是推迟接受请求。例如，今年我收到超过50项播客采访请求，但我需要大量时间来写书以及推出一项网络课程，因此我回复他们：同意接受采访，但需要推迟几个月。对方基本都会同意我的要求。如果接受邀请，那你就必须信守承诺。但如果把相似的邀约都集中安排在方便的时间段，可以大大提高效率，也更能从中得到快乐和益处。

[直接拒绝]

有些邀请或求助根本不值得你花心思去找理由回绝。你不得不直截了当拒绝。如果对方和你基本没交集、说不清自己想要什么或态度不够端正，又或者你实在无分身之术，你就要迅速而坚定地拒绝："非常谢谢你的邀请，但我的日程全都满了，所以不得不拒绝。希望你的项目顺利。"对方或许会不高兴，但你迅速而礼貌地回绝，会让他们找不到怪罪你的借口。

互联网让人们相互接触变得容易很多，这是好事。但现在，你在领英上根本不熟的联系人，都可能大胆要求打电话或见面。如果有求必应，累得你将没有任何自由时间。要想更好地专注于自己的事情，你必须懂得何时、如何优雅地拒绝他人的不情之请。

[情商低，就别
说话秀下限了]

当L姑娘终于停止对销售部同事身材的调笑，转而把话题移向最近热播剧《芈月传》中，芈姝芈月后宫争斗的时候，我默默松了口气。

我丝毫不怀疑，如果再继续延续刚才的话题，坐我旁边的销售部同事，会分分钟将手上的比萨扣在姑娘脸上，顺便加一句："我跟你开玩笑，你别介意。"

说实话，在没有遇到L姑娘以前，我从来不知道一个人可以如此不懂礼貌，还能够风轻云淡地说一句："哎呀，不就是说她胖嘛，这点玩笑都开不起。"

平心而论，按照如今以瘦为美的主旋律，销售部同事的身材确实有些胖得不尽如人意。可即便如此，L小姐也不该在同事聚餐这种场合，把同事的身材当作暖场的话题。

如果一个人矮，那就永远不要拿这个人的身高开玩笑，如果一个女生胖，那就永远不要拿这女孩的身材评头论足。

不拿别人的缺陷开玩笑，在我有限的认知里，我认为这是一个人应具有的最基本礼貌修养。可是在我们身边却有很多人意识不到这个问题。

拿我自己来说，即使我神经如此"大条"，又矮又胖，也永远是一个让我自卑而又无法回避的问题。曾经写过的一篇文章，那些关于爱情、关于后来的故事，虽然与现实略有差异，可其中的心路历程，却是我心里难以与人道出的真实情绪。我清楚地知道自己有多不完美，更清楚地知道颜值低的自己，与暗恋的男神有多不配。

可也正是如此，才应了那句：我有多清醒，就有多自卑。

这种自卑，漫长的时间尚不能被安慰，而如果你用一句玩笑便轻易将伤口挑开，对我来说是不是有些残忍？

我们知道，一个人永远无法与另一个人感同身受。可好多人即使知道却不了解，你所谓的一句玩笑，戳中了多少人自己都不忍心碰的软肋，还笑着怪我们太把戏言当真。

我们都是普通人，用着自己喜欢的方式生活，享受着点点滴滴喜怒哀乐。太多时候，没有人会去斤斤计较你那些无伤大雅的善意玩笑、无关痛处弱点，谁都乐意有个皆大欢喜的结果。

可如果玩笑失了分寸，却不是用一句不懂事就可以归结，其根本原因，那些失了分寸的玩笑，不是你以为的有口无心，而是彰显你个人教养的标准。

一个有修养的人，无论在任何时候，任何场合，对那些约定俗成的东西比如样貌，比如体态，比如不美好的过往都不会提及，更不会在不清楚别人性格弱点的时候，冒冒失失触及别人心理的那道防线。

在我们看来那些无话不说，疯疯闹闹的好朋友，似乎从来不介意在别人面前互相吐槽，各种秀对方的下限节操，可我们没有发现，他们说的那些糗事爆料，从来都是避开了对方的痛点，为他的伤口温柔绕道。

认真来说，世界上根本没有所谓的玩笑，所有的玩笑都有认真的成分，也正因如此，当我们误将无礼当玩笑，那样会更伤人。

人际关系从来就不是一个简单的问题，身处人情社会的我们更无法脱离群体。别人或许可以忍受我们后知后觉的情商下限，可以原谅我们年少轻狂的不羁脾气，可却没有人会不介意我们的无知无礼，很多时候，我们需要的或许不是蔡康永的《说话之道》，而是《中学生日常行为规范手抄》。

说话也要懂点儿人情世故

[1]

生活中，总有这样一些人，似乎他们存在的意义就是凸显你的不合群。

当某一件事情触犯了你所坚守的原则底线或是道德认知时，你坚定地表明自己的立场并表现出强烈的情绪反应。但他却能云淡风轻地一笑而过，或敷衍附和，或笑而不语。

最后的结果是你灰头土脸，他却左右逢源。

这些就是所谓深谙圆滑之道的"高情商"人士。而这类人似乎总能得到周围人的认可与肯定，且在许多人的认知里，圆滑更是早已成了人际交往里的万金油。

其实人生在世，我们总是在深情一部分人的同时，又会伤害另一部分人，这是很自然、也不可避免的结果。如果太过于刻意在博弈的双方之间维持一种平衡，讲究所谓的圆滑，难免就成了一种阳奉阴违。

在愚钝的人面前表演，或许可以左右逢源，尽享利好。可落在聪明人眼里，其实就成了一种多余的狡黠。平时在一些无关紧要的事情上，客套寒暄自然甚欢，可若真到了关键时刻，博弈的双方立马都会敬而远之。

[2]

曾经有一位同事，在公司里是出了名的"老好人"，见人说人话，遇鬼搭鬼腔，平时总给人一种混得很开的假象。可一遇到进行一些重要决策，或者项目分组的时候，大家却总是有意无意地排斥他。

后来我与一位关系非常要好的同事谈起，他一语道破其中原因：因为大家都有所提防。

确实如此，一个人如果立场模糊，原则性也不强，旁人对他自然就有些敬而远之。在进行一些团队合作时，大家都必须同心同德，谁都不愿意团队里有让人捉摸不透的存在。而如果是进行一些竞争性或者保密性极强的重要项目，那么对此类人有所提防更是在所难免。

现在越来越多的人喜欢将圆滑与情商挂钩，其实这更多的只是一种不知羞耻的粉饰，扯开情商那一层明亮的遮羞布，圆滑其实就是一种自私的表现，从道德与品行上来说，也是极不可取。

即便抛开道德因素不谈，圆滑也只是一种乱中求存的技能，但绝不是长久的处世之道。历史更是不止一次地告诉我们，一旦尘埃落定，墙头草通常就会成为第一个肃清的对象。

那么，有原则有立场，是否就是正确的处世之道？

似乎也不对。

[3]

曾有人问我：不愿意圆滑，是不是情商低的表现？

我思考了很久，却迟迟不知该如何回答。

主观上来说，我很想给他一个否定的答复。但结合自身的情况，又总觉得有一些误导。

后来我把这个问题抛到了朋友圈。

绝大部分人都注意到了"不愿意"三个字，虽然表达各有不同，但回复的意思基本一致：不愿意圆滑，而非不懂得圆滑。所以，情商非但不低，而且很高。

部分观点与我内心的想法不谋而合，因为我自己便是一个不愿意圆滑的人，自然也不会认为自己情商低。但我也绝不敢说不愿意圆滑就是情商高，因为我非但没有因此而在生活中获得某些便利，相反，我时常会因为过于原则而陷入一些本与自身无关的漩涡里，得罪人的事情更是没少干。

所以，这些答案似乎没有任何意义。直到后来，大学时候的一位老师回复了我：

不愿圆滑是没错，但同时也必须懂得世故。

[4]

他给我讲了这样一个故事。

当年读博的时候，导师给他和另一个同学各分配了几个研究生，做两种不同假设的项目对比。

最后两组都很好地完成了任务。

可当以后再次进行项目分组报名的时候，师弟师妹们都希望分配到另一位师兄那里，这让老师在内心觉得很受伤，也很疑惑。后来经一位师弟明言暗示，老师这才恍然大悟。

项目中总会有许多细节问题，如果一一顾及，就会极大增加项目的工程量。

有些师弟师妹为了偷懒，通常会走一些捷径，利用项目的容许差错范围取巧。一般来说，只要负责人能够圆滑地处理，睁一眼闭一眼，对于交差是绝对没有问题，导师也不会真去仔细核查。

可这是导师坚决反对的，也是行业内的大忌。

老师原则性与执行力都很强，那些行为自然都遭到他的严厉斥责，女生被骂哭的情况也是屡见不鲜。所以难免给人苛刻之感。

而另外一位负责人，对待项目虽然也很严厉，但与老师不同，他在其他时候会将那些矛盾主动疏导，比如请他们吃夜宵，送女生们一些小东西，和他们开一些无伤大雅的玩笑……

这就是根源所在。两人在对待原则问题时立场都很坚定，处理问题也不敷衍，不圆滑。但不同的是，另一位负责人还懂得人情世故，在原则与世故之间有了一个微妙的平衡。

从某种意义上来说，不圆滑是一种坚守原则、不屈从于外界的自我捍卫，也可简单理解为仅是不愿委屈自己的感受。而过于注重自身感受，其实与过于在意别人看法一样，都是一种心理上的褊狭。

一个心灵边界宽广的人，在满足自身感受的前提下，绝对也懂得去照顾他人的情绪，将原则与和善巧妙地糅合在生活里。

[5]

古人讲究外圆内方，意思就是做人要像钱币一样，外表圆润，但内心方正。更通俗点来说就是凡事都应讲究与人为善，精通世故，但更要有自己的立场与原则，心中自存尺度。

黄炎培就曾写信勉励儿子："和若春风，肃若秋霜；取象于钱，外圆内方。"

其实就是倡导一种世故而不圆滑的处世之道。

外表圆润懂世故，内心方正不圆滑。

前者使得自己在熙熙攘攘的人群里进退有度，不因死板而显得毫无生趣，更不因棱角过于锋利而四处树敌；而后者则让自己在鱼龙混杂的社会中不摒弃初心，不曲意迎合，心存善念，恪守原则。

在表浅距离越来越近，实质却愈发疏离的群居时代，许多人开始在生活中不知所措。其实生活从来就不是非黑即白的二元论，懂世故与圆滑两者不能混淆一谈，但却可以保持一种进退有度的微妙平衡。

做一个世故而不圆滑的聪慧之人，这也是一场伴随人生的漫长修行。

不知道怎么说话时
可以不开口

有些时候我保持沉默，是因为真的没什么好说的。我既不愿太过耿直地伤害了别人、也不想虚情假意地恶心了自己。

在与人聊天的各种场合，有些人并非无说话的欲望，但却常会选择沉默。你不开口的原因是什么？

[1]

办公室小姑娘欢呼雀跃地说："这是我男朋友送我的包，在香港买的。"

大家都围过来，纷纷夸包包好看，都说她男朋友对她真是好。

对，我没说话，我不想恭维这个淘宝上只卖几十块钱的破包好看，也不想夸她那满脸青春痘的男友体贴，我选择沉默。

小姑娘白了我一眼，继续和大家谈笑风生。

她不知道的是，下班后那群恭维她的人都在骂她嘚瑟。

一位大姐尖声尖气地说："就这破包还香港带回来的，香港有卖这种地摊货的地方吗？"

大家一阵笑，大姐问我："你觉得呢？"我还是没说话，避免尴尬。

[2]

老板开早会的时候述说了自己的庞大理想，说明年要把公司做上市，五年内超越马云，成为新时代的第一互联网公司，然后要大家都提点改进工作的意见。

手下人唾沫星子横飞，纷纷赞美老板英明无比，拍着胸脯决定跟着老板一辈子了，老板很满意，他的眼睛顺着大家看了一遍，看到我时，我没有说话。

我觉得聪明的老板应该是和有钱的员工谈理想和没钱的员工谈钱。

可是我们的老板是，你谈工资他谈创业，你谈福利他谈理想，你谈你的理想就是赚钱的时候，他又会说你的理想什么都不是，这种毫无意义的交谈我不愿意多花时间。

老板不爽地看了我一眼，批评我工作极其不认真，没有意见就代表没有想法，我付之一笑。

老板不知道的是，同事聊微信的时候都纷纷吐槽，说这公司迟早要倒闭，然后要我也讲两句。我关掉手机，没有说话，避免尴尬。

[3]

对门的大妈又在夸自己儿子工作多，好儿媳妇多么孝顺，好像全世界的运气都集中在她家了一样。

一群老年人纷纷露出羡慕的神情，说："是啊，不像我儿子都快三十岁了还没个正经工作，没有姑娘看得上他。"对门大妈露出同情的神色说："慢慢来，会好的。"

一位老头嗤之以鼻："她儿媳在家连衣服都不洗，还孝顺呢，等她老了有她受的。"

我从旁边走过，好像没有听到他们的交谈一样。

[4]

在网上花心血答了一个题，下面留言就讨论开了。

有的说："这家伙除了写段子还会什么，麻烦你写点有营养的东西。"

有的说："其实你的文字很好，应该多看看某某写的东西会更好。"我关掉电脑，没有和他们说话。

语言确实是上帝给人类的礼物，有的人用语言骗人，有的人用语言赚钱，还有不计其数的人用语言掩饰自己的虚伪或宣泄自己的恶毒。

而我既不想伤害别人，也不想恶心自己，就越来越习惯不开口说话。

$$\Big[\ \ 大家都很忙，\ \ \Big]$$
$$请有效的说话$$

[1]

几个朋友闲聊。

A说她最近屏蔽了一个亲戚，因其超级负能量，还话痨，每天都在朋友圈吐槽各种不愉快，连孩子穿鞋太慢都要骂上好几条，是A朋友圈里雾霾一样的存在。

A实在不想淹没在这浓烈怨气里，因而屏蔽了位亲戚。

B说她拉黑了一个不太熟的家伙，此人曾一天发四次一些让人无法忍受的信息，"该清清了""朋友圈第一条请点赞""疯狂特价等你来挑""帮忙给我妹投个票"……

B说我忙得上午下午都分不清了，还投你妹啊，直接拉黑。

C说她连着三次给一个同事发微信，都是正事，但人家一次都没回，却在朋友圈跟别人聊得很起劲，让她颇为胸闷。

倒是有个领导，每次她从微信请示工作，人家都有回复，虽然简单，但态度特别明确——行，不行，你自行决定。

而且他平时在微信上安排工作，从来都是工作时间，绝不像有些领导那样，晚上十一点想到什么事儿也给你留言。仅从这一点，她就挺欣赏这位领导。

我忽然想到一个词——"微德"，也就是微信上表现出来的品德。

C这位领导，堪称"微德"楷模。而A和B所说的两位，"微德"就有待提高。

[2]

我微信上有个好友S，是个著名公号的创办人，每次我有事跟他说，都能得到即时回复。

比如向他推荐朋友的文章，他总在看到后第一时间回一句"收到""在忙，稍后看哈""可用，已转给小编"。这种无障碍交流让我觉得好痛快。

S有时也会在群里发些文章，而每次请大家帮忙转发时，必然配合一个大红包。

他的朋友圈，也都是比较有价值的文章或信息，有时会加上自己的评论，语气中肯温和，让人看了很舒服。

我没见过S，但真心觉得这人不错，因为他"微德"太好。

仔细想来，在微信已经成为大家重要的交流方式的今天，我们很多时候都是通过微信去了解一个人，尤其是生活中少有交集的人，我们对他的看法，基本都取决于他在微信上的表现。

"微德"其实还是挺重要的一件事，因为它反映了一个人的情商和教养。

一个人如果总拿无用的信息在朋友圈刷屏，或者总发无聊的消息骚扰别人，就好比随手往别人家门口扔垃圾，这是微德有所欠缺，难免招人烦。

而那些能提供有价值的信息、能快速回复消息、说事礼貌清晰不啰唆的人，就很让人喜欢。

[3]

在现实社会，我们都知道要遵守必要的行为规范，要尽量做个品德优良的人。而混迹于微信世界，其实也有些基本准则要遵守，让别人愉快，也给自己营造良好的社交氛围。

那么，微信有哪些日常行为规范呢？

来，一起学习下：

1. 不论自己觉得多么重要多么有趣，一天发朋友圈也最好不要超过十条，尤其不要拿大量图片刷屏，要知道很多人是用流量看朋友圈的。

2. 尽量别群发消息。求赞求转发求投票的信息，最多三次。

3. 如果不是特别忙、特别为难或者完全不想搭理，尽量早点回复别人的消息，因为人家可能在等。

4. 红包不要只抢不发还不说话，抢过十次八次就要发一次，实在不想发，起码要道个谢。

5. 别不停地问在吗，问一次之后，有事就可以说了。

6. 一条消息能说明白的事，就不要分成好几条。比如"我朋友自家果园的苹果特别好，一箱十斤，50块钱，你需要吗？"一条发出来就好。别搞成十几条"我朋友的苹果""自家产的""特好吃""50一箱""十斤"……没完没了的。

7. 加别人好友，一次没通过，第二次最好说明你是谁、要干啥，如果三次都没通过，就别再加了。

8. 别随便拉别人进群，尤其是购物或者活动群，邀请链接发一遍对方没反应，就别一遍遍发了。

9. 一直给你点赞留言的人，如果你不是特别反感他，也该主动在人家朋友圈互动互动。

10. 工作上的事情尽量不要在非工作时间说，一定要说的话，先表达个歉意。

11. 朋友闲聊，如果聊得太晚，就别再喋喋不休，问问别人累不累，是不是该休息了。尤其在别人很久都没回你消息的情况下。

12. 尽量别把跟朋友的私人对话截图到朋友圈。特别想截的话，要么取得别人同意，要么P掉朋友姓名，要么确保不会给朋友带来任何困扰。

13. 在朋友圈或群里发跟别人的合影，别光P自己，也给人家美化下，自己特别美对方特别丑，就别发了。

14. 不要在别人朋友圈评论里说涉及人家隐私的事情，记得还有其他人能看到。

15. 重大或紧急的事情，比如借钱或者一小时后开会，最好别在微信说，打个电话更好。

16. 不是特别熟的亲友，别随便发起视频通话，不是每个人都随时准备好给人看自己这张脸的。

17. 最好不要频繁换名字和头像，大部分人都不会备注联系人姓名，你今天是Alice，明天是粉红之恋，后天变疯狂小野猪，让人容易分不清身份。

18. 一定不要转发带诅咒转运的信息，什么转发会走运不转发会倒霉……极其讨厌。

19. 尽量别推荐自己完全不能保证品质的东西。

20. 同学群里别炫富，亲友群里别太装，工作群里别没完没了讲私事。

以上，跟大家共勉。

有效的沟通能让你事半功倍

先看两个笑话：

一个苏格兰人去伦敦，想顺便探望一位老朋友，但却忘了他的住址，于是给家父发了一份电报："您知道托马的住址吗？速告！"当天，他就收到一份加急回电："知道。"

一男生暗恋一女生许久。一天自习课上，男生终于鼓足勇气写了张字条给那个女生，上面写着：其实我注意你很久了。不一会儿，字条又传回来，上面写着："拜托你别告诉老师，我保证以后再也不上课嗑瓜子了！"

[有效沟通的条件]

达成有效沟通须具备两个必要条件：首先，信息发送者要清晰地表达信息的内涵，以便信息接收者能确切理解；其次，信息发送者要重视信息接收者的反应并根据其反应及时修正信息的传递，免除不必要的误解。两者缺一不可。

有效沟通能否成立关键在于信息的有效性，信息的有效程度决定了沟通的有效程度。信息的有效程度又主要取决于信息的透明程度和反馈程度：

1. 信息的透明程度。当一则信息应该作为公共信息时，就不应该导致信息的不透明，信息必须是公开的。公开的信息并不意味着简单的信息传递，而要确保信息接收者能理解信息的内涵。如果以一种模棱两可的、含糊不清的文字语言传递一种不清晰的，难以使人理解的信息。对于信息接收者而言没有任何意义。另一方面，信息接收者也有权获得与自身利益相关的信息内涵，否则有可能导致信息接收者对信息发送者的行为动机产生怀疑。

2. 信息的反馈程度。有效沟通是一种动态的双向行为，而双向的沟通对信息发送者来说应得到充分的反馈。只有沟通的主、客体双方都充分表达了对某一问题的看法，才真正具备有效沟通的意义。

[为什么要进行有效沟通]

沟通是自然科学和社会科学的混合物，是管理的有效工具；沟通还是一种技能，是一个人对本身知识能力、表达能力、行为能力的发挥。无法进行有效沟通的人都存在着不小的沟通障碍。

1. 有效沟通才能化解矛盾。同样的信息由于接收人的不同会产生不同的效果。信息的过滤、保留、忽略或扭曲是由接收人的主观因素决定的，是他所处的环境、位置、年龄、教育程度等相互作用的结果。由于对信息感知存在差异性，就需要进行有效的沟通来弥合这种差异性，以减小由于人的主观因素而造成的时间、金钱等的损失。

2. 有效沟通是从表象问题过渡到实质问题的手段。只有从问题的实际出发，实事求是才能解决问题。如果单纯地从事物的表面现象来解决问题，不深入了解情况，接触问题本质，那问题可能永远得不到解决，或者将浪费很多不必要的时间和精力。如果你恰巧是个管理者，你还不打算放弃某人，那么通过有效沟通才能影响甚至改变他对工作、生活的态度。

[有效沟通的障碍因素]

1. 以自我为中心

思维是沟通的基础，任何一个有目的的沟通皆始于自我。因此，自身的思维是影响有效沟通的重要因素，过于迷信自身思维方法的人必定主观武断，缺乏客观、公正、公平之心。既不能正视自我也不愿正视他人，更谈不上设身处地站在对方的角度考虑问题。

有效沟通是一种动态的双向行为，而双向的沟通应得到充分的反馈，只有沟通的主体、客体双方都充分表达了对某一问题的看法，才具备有效沟通的意义。也只有在增强主客体上下交流的过程中，才能引导人们从不同的角度看问题，消除一些不必要的误解和偏见。

2. 表达不清

思维混乱不可能带来有效沟通。如果一个人连自己在想什么都不明白，又怎么能够清楚地表达给别人听？然而，明确的观念也并不会自动地保证有效沟通。或许我很清楚自己要说什么，但是很可能一张口就词不达意，表述混乱。还想当然地认为他的听众会领悟那没有直接表达的意思。

逻辑中最常见的是说明句，说明句类似于命题。如果我说"狗""海龟""7月下跌的股票价格""那座印第安建筑风格的石灰石正面"，你可能会猜测我在试图把不同的观念联系在一起，但是你不知道它们是如何产生联系的。这是因为我没有做出完整的陈述。我需要用完整的句子，例如"那只狗攻击那只海龟"，"7月下跌的股票价格使小王很丧气"，"那座印第安建筑风格的石灰石正面被那帮流氓严重地损坏了"。

3. 沟通缺乏真诚之心

真诚是理解他人的感情桥梁。而缺乏诚意的交流难免带有偏见和误解，从而导致交流的信息被扭曲。

有人喜欢将主观看法当作客观事实。泰山在山东省和山西省之间，这是个基于客观事实的命题，它要么是真的，要么是假的。但是如果我说泰山是秀美的，这个命题就糅合了主观和客观两个方面的因素。在这种情况下，我们绝不能对主观命题的真假做出随意的判断，就像我们刚才所做的那样。客观命题的真假判断是没有争议的，但主观命题有。如果我想让某个主观命题被大家接受，我就必须为它做论证。很多耍赖的人是不是经常顾左右而言其他？

[如何进行有效沟通]

1. 知道说什么，要明确沟通的目的。如果目的不明确，就意味着你自己也不知道说什么，自然也不可能让别人明白，自然也就达不到沟通的目的。

2. 知道什么时候说，要掌握好沟通的时间。在沟通对象正大汗淋漓地忙于工作时，你要求他与你商量下次聚会的事情，显然不合时宜。所以，要想很好地达到沟通效果，必须掌握好沟通的时间，把握好沟通的火候。

3. 知道对谁说，要明确沟通的对象。虽然你说得很好，但你选错了对象，自然也达不到沟通的目的。如果你是个物理学家，在一个学术会议上与其他物理学家讨论测不准原理，你可以自由地运用你的专业术语。但是，如果你是在向一群普通人解释这个原理，就必须要用比较通俗的语言，方便大家理解。不要对着外行人使用业内行话，沟通的关键是理解。最忌讳两件事：一是对人讲话态度傲慢；二是故作高深，让人云里雾里。

4. 知道怎么说，要掌握沟通的方法。你知道应该向谁说、说什么，也知道该什么时候说，但你不知道怎么说，仍然难以达到沟通的效果。沟通是要用对方听得懂的语言——包括文字、语调及肢体语言，而你要学的就是透过对这些沟通语言的观察来有效地使用它们进行沟通。比如：要避免使用模糊和多义的语言。模糊和多义的语言并不能明确表达这个或那个特定观念，而是游走于不同的观念之间。它们的共同的缺点是没有一个固定的无可争议的内涵。一个词语的指代物不明确，那就是模糊的。如"人们不喜欢那样的音乐"，我们都不会明白到底是哪种音乐。一些词如"爱""公平""善良""邪恶"等都是抽象词，本身含义并不是绝对统一的。因此，在使用这类词语时，必须对其做出准确的理解。在你试图说服别人某件事情是不公平的之前，你要告诉他们你是如何定义不公平的。另外的如多义词，都包含多重含义，为了避免造成歧义，应该清楚地表明本意。

以上四个"简单"问题，可以用来自我检测，看看你是否能进行有效的沟通。

所以，沟通不是一种说服，而是一种感染、一种形象展示、一种言行一致的体现。

有时要站在对方的立场去说话

人和人的差距，你不去仔细琢磨，是没法发现的。

你以为大家智商差不多，你只是缺个机会，但有些时候，可能真的不是这样子。假期我就遇见这么一件事儿。

孩子一岁半了，一直是由岳母照顾，国庆节我岳母回老家休息，她电话问我们孩子照顾得怎样，我们如实相告。通话的过程信号不好，电话断了。这时候，在旁边来找我玩的同学提醒我们说："你电话里别说照顾得好，也别说照顾得差，要说你快回来吧，孩子不如平时好。"我心说："和家人说话干吗还不照实际说呢？"于是礼貌性地问了一句："为啥？"她接下来的话让我很震惊。

她说："你说好，她除了为孩子高兴外，会有挫败感，因为她照顾得不如你们好啊。你说差，她会为这孩子着急，觉得我这回家真不是时候。你说不如平时，一来表示孩子没事，二来表示你们不如她，这样她来给你们带孩子会很高兴，很有主人翁的感觉。"

我当时第一反应是我岳母是属于那种真心爱孩子的老人，所以这个方法不能照搬，也不适合我们。但是这不到30秒钟发生的事情，却让我不得不思考一下自己做人做事的方法。你别管别人是不是有心机，同学这个意识就是很有道理的。在我们看来，这事儿很小，都不会想怎么说，说什么，但是她的即时反应就跟我们不一样。这其实就是站在别人的角度思考问题的典范，通常我们用这种换位思考产生同情心和理解别人，但是在这里同学比这个理解别人又递进了一步，她利用了这点。强化这个思维方法的首要的好处在于，一旦你有这种意识，就会有意识管住自己的嘴。

比如说，我自己说话直来直去，绕弯子比较少。这个算优点也算缺点，当你不是出于坦诚而是因为想得少的时候，这就是缺点。说话不从听的人的反应出发，那就会毁掉很多交流的契机。换句话说，我自己并没有把换位思考作为一种工具来频繁使用。那么意识到这一点，下一次讲话的时候，我就要想一下我说的话会对听的人产生何种影响？这个影响会不会带来别人不好的反应？比如情绪变坏，或者由于语义的不明晰令人产生误解呢？这都是值得考虑的事情。

当你说话不再只是图自己嘴巴的一时痛快，那用佛教徒的语言来说，不知道少造多少口业。我记得很久以前，听人讲佛教的时候，我产生了一个困惑，那时候听说一些高僧大德会神通，对于普通人而言，这种东西是非常神奇的，因此我总是会问一些比我更了解佛教的人关于神通的问题。可是这种东西太超出一般人的经验范畴了，因此当我问这些问题的时候，实际上听众之中必然会有人因为觉得这些事情离谱，从而对佛教徒产生误解甚至排斥和嘲笑。而这一切只是因为我不了解的情况下，谈论了这种我没有见识过的东西。我因为好奇而说话，反而可能使一部分人对一个宗教产生误解，这罪过算是大了。

我们普通人虽然没必要凡事都这么谨慎地考虑，但是说话前过过脑子总是没有错。我们常听一些前辈说：少说话，多做事。更老的前辈还说：三思而后行。都在告诉你要"慎言谨行"。

慎言的更高一层是巧言。虽然《论语》里批评说：巧言令色鲜矣仁。但是可能我要表达的和这个还不太一样。论语关于如何说话，还有另外半句话叫"未见颜色而言谓之瞽"，就是说跟长辈们说话，也是要看人脸色，不然和瞎子有啥区别，我认为这种察言观色就是巧言。你电话里虽然看不到对方脸色，但是讲一点好听话，还是没错。曾国藩也说了，"事亲以媚字为要"。从世俗的角度看，这样说他们高兴，干吗不这样说呢？

所以，在生活和工作中，你稍微在语言上注意下，听的人立马产生不一样的反应。这样的交流能快快乐乐地让自己获益，也能让别人感觉开心，的确是件不错的事情。同学这种意识，可以说关键时刻每一句话都不落空，人家不厉害才怪啊。

而且当换位思考变成一种能力，你对很多事情的理解就不一样了，也许可能会由一个自私的人，变成不那么自私的人。这点转变也许就让你可能被人喜欢一点点，积少成多，最后真的会如老子所说"非以其无私耶，是以成其私"。你想一下，当你总是让人感觉愉快的时候，谁还会给你不愉快呢？找工作，谈朋友，做事情，几乎无一例外。

真是"世事洞明皆学问，人情练达即文章"啊。

你我共勉吧。

[
精力有限，
废话请少说
]

[1]

昨天有一位朋友领了结婚证，晚上她请客吃饭，大家都有点嗨，其中另一位女孩子，小Tina靠着我说："我什么时候能和他领证啊？诶，我也想结婚。"我没接话，拍了拍她的头，她的男朋友总让我觉得距离领证这件事，中间可能隔着千山万水。

她男友，最明显的特征就是不爱和她讲话。

有一段时间，我们都在谈恋爱，聚会时，几个人不约而同一起捧着手机发微信，偶尔看见男朋友发过来的哪句话说的特别有趣，就会忍不住笑出声。只有她在那托着腮帮子和我们抗议："别发信息啦，陪我聊天啊，聊天。我好无聊。"一起的朋友问她："你男友呢？你都不用联系吗？"她脸色一黯说："他啊，回信息回的慢啊。"

她把信息拿给我们看。

"你今天公司忙吗？我单位今天都没什么事可以做，上午看了整整一上午的书，简直困死我了。咱们俩今天去看电影啊？最近新上映的好多。你想看哪个？我买票啊，我都行的。有什么想吃的吗？我看看需不需要定位置。"

"嗯。"

"刚刚老板开会时说需要出差，去深圳四天，可能是下周四走，好不想去啊，现在深圳好热，最好她把别人换上去，就省得我折腾了。你在干吗？"

"嗯，工作呢。"

"我睡不着了，唉！明天又起不来了。总失眠是真伤神。怎么办？晚上不喝那杯咖啡好了，下次一定不能再喝美式了，我每次喝美式都睡不着。你干吗？你困不？还玩游戏呢吗？"

"打算睡觉了。"

"我发小她们几个打算出去玩，你有时间吗？我们一起去啊？她们在讨论去哪，自驾还是买机票，已经开始准备了，你确定一下，我也告诉她们一声，带不带咱们两个，我还挺想去的，行吗？"

"现在确定不了。"

第一次看到他们两个的聊天记录时，我简直一口老血要喷出来，好想问问她，她男友是手指头有僵硬症，还是不会使用拼音输入法啊，打字这么困难？发信息只能回复简单几个字呢？

记得那时晚上我和男友打电话时，还问男友，我说："感觉你公司也很忙啊，要开会，要写报告，你怎么从早上能和我聊到晚上，咱们俩也没什么正事，就是闲聊天啊，一个电影也能说半天。"他也是一边玩游戏，一边说："就是想和你聊天啊，说什么又不重要，这不得看和谁聊么。别人和我说话，我也没时间回啊。"

是啊，哪怕手指头真有僵硬症，哪怕不会拼音，他要是想和你说话，发语音都可以回复你，如果不想讲话，多回一个字都是累。

后来，我们有一个女孩和小Tina说，你男友和别人说话也这样吗？你留意一下。她过几天在我们的群里说："我今天看了，他在和他哥们儿的群里打字飞快，就在我边上，我看着发的，好长的一条呢。"

我们几个都不知道如何回复她的这条信息。

[2]

昨天领结婚证的女孩，在恋爱时，差不多一天要接男朋友五六个电话，听他们聊天也是完全没什么正经事，无非就是："你在干吗？吃的什么呀？好吃吗？下次一起去啊？一会儿干吗去呀？跟谁啊？多吃点啊。"

仔细看看，哪一句不是废话？都是啊，可就这样的废话，也能说个半天。他们两个不打电话的时候，微信也是你来我往，聊个不停。

女孩吃到一个好吃的蛋糕，也要发过去和男友说一声："这家蛋糕超级好吃。"

男生堵车堵在半路也会给女孩发个照片："简直堵到崩溃。什么时候交通能好。"

而且她每一次接起电话都是那种满脸甜蜜的抱怨："唉，他太磨叽啦，有事没事都打电话。"

这才是爱情啊，谁不忙？

销售要忙着跑客户，催单，出销量；

我这种写字的，要忙着看书，搜集素材，写文；

学生要忙着上课，写作业，去图书馆；

就算待业人士也要忙着收拾屋子，吃饭啊。

这个世界上怎么可能有不忙的人？只不过看他把什么看的更加重要而已。

[3]

其实，我想Tina总有一天会懂的，为什么她说了一堆，男友只回了一个

"嗯"字呢，只会是一个原因，那就是不够喜欢啊。

　　喜欢一个人，就是随便说个"嘿嘿"、"哈哈"、"嘻嘻"，发表情这种所谓纯粹的废话，也会舍不得做先结束聊天的那个人。

　　而不喜欢一个人，永远都觉得手指头千斤重。所以你才会收到：我去洗澡了，我在开会了，嗯，啊，哦。

　　他可能洗澡洗到晕倒在浴室也不会回来，开会开到天黑又天亮也没消息。明明坐在那里闲晃什么事都没有，也只是给你回了个——"嗯。"

　　真正的爱情不会一直忙。

别一不小心就
让你的嘴巴跑了火车

　　我曾经教过一个学生，他非常自卑，在课堂上不愿意说话，由于是口语课，学生必须都要开口，尤其是练习的环节。我发现这个学生在练习的时候不愿意张口，就主动过去帮他。我先是问他为什么不张口练习，他说："我的口语太差了。"我说："太差了就更应该多练习。"他说："我怕说出来别人笑话。"我最终明白他的问题在哪了。他就是被"我怕说出来别人笑话"这句话给害了。

　　心理学有个概念叫"焦点效应"，就是人们总是认为自己是一切的中心，是所有情境的焦点。这其实是一种不可靠的错觉，根植于本性之中，所酿成的误判常常会让人付出难以承受的代价。

　　心理学家吉洛维奇曾经做过一个有趣的实验，他让某大学的学生穿一件新买的名牌T恤进入教室。穿T恤的学生事先估计班级的大部分同学都应该会注意到他的T恤，但结果却出乎意料——只有23%的人注意到。这个实验也再次验证了焦点效应。

　　自卑很多时候就是来源于我们不知道焦点效应。我们错误地以为别人很在意我们，总是感觉我们的一言一行、一举一动都会被别人观察到，这种错觉导致我们的行为受到了限制。其实，这都是我们自己制造的一种幻觉而已。所以，我们必须打破这种幻觉，让自己回到现实中，该行动的时候就要行动。

　　后来我就鼓励这个学生开口，他也慢慢能说出来了。课堂上为了让他能找到更多的自信，练习之后的展示环节，我就让他到前面来展示。没想到一上台，他的表现非常糟糕，甚至连一句话都说不出来。以前我也见过自卑的学生，但没有见过如此自卑的学生。由于他根本无法展示，我就让他用英文简单做一个自我介绍，但他还是说不出来。后来我就让他说中文，他很勉强地说出了自己的名字。我顿时松了一口气，终于开口了。

我就问他为什么说话这么困难，他说他非常自卑，尤其在众人面前讲话就更自卑。我说："你对什么会有自信。"他说："我对什么都不自信，从小成绩不好，父母和周围的人都瞧不起我，一直生活在自卑的世界里。"我说："你真的很自卑吗？"他说："是。"我说："你确信自己很自卑吗？"他说："是。"，我又问："你真的确信对什么都不自信吗？"他还是很自信地说："是。"我说："你错了，你被自己彻底欺骗了这么多年。"当时，这个学生有点儿懵。

我告诉他：第一，你对你的自卑是如此的自信，说明你还是对有些东西是自信的，你身上有自信的细胞；第二，你之所以在众人面前没有自信是因为你害怕，你想过你害怕什么吗？你害怕的不是自己的表现，你害怕的是自己表现不好别人对自己的评价。他说："是的，我就是害怕别人对自己有过多负面的评价。"我说："其实，你就是被焦点效应害了。"

接下来，我就开始鼓励这个学生，要想找到自信必须要做两件事情：第一，要知道自己为什么自卑，当弄清楚了为什么自卑也许就可以自信起来了。在二元世界里，当一个人能够自卑，他就可以自信，如果弄清楚了自卑的原因，就可以找到自信。就像这个学生的自卑是因为害怕自己表现不好别人对自己的评价，按照焦点效应，其实别人的评价都是自己虚幻出来的，别人根本就不会对自己有过多评价。所以，我们只需要去表现，而不要太在意别人；第二，要想自信就必须不断地挑战自己。我给这个学生分享了我自己的例子。我之前也是一个非常自卑的人，不敢在众人面前讲话，后来我的自信是因为两次挑战让我的人生发生了很大的改变。第一次挑战是在高三的时候，当时元旦晚会，我花了一个多月的时间准备了一首歌，在晚会上一首歌震惊了全班学生和当时的班主任。因为我在高中的时候很少说话，就更不用说唱歌了，上课老师让我读课文，由于紧张我经常读不完。通过这首歌，老师和学生对我都刮目相看了，同时也让我找到了一点儿自信；第二次挑战是我在没有任何讲课经验的情况下，在北京航空航天大学举办了一场英语学习讲座。这次挑战对我人生的影响就更大了，后来我的人生轨迹也因为这次挑战发生了改变。

当然，挑战可以先从小的事情开始。比如，可以上课主动发言，可以在宿舍给室友讲故事或者笑话，可以面对陌生人微笑等。只要慢慢地挑战自己，自信就会慢慢地树立起来。

后来，这个学生在我的鼓励下，表现得越来越好，在众人面前也能大段说英语了，见人也有笑容了。

平时我们真的要小心自己的嘴巴，一句话可以彻底改变一个人的命运。这个学生一直告诉自己是多么自卑，其实这句话在他身上已经产生了很大的作用了，如果继续下去他的人生不知道会是什么样子。所以，我们不要对自己的自卑如此自信。

除了自己对自己输入的语言，我们对别人说的每一句话也要注意。记得我上小学的时候，我们班级有个同学考试总是倒数，老师就经常批评他，总是对他说三个字"你真笨"。后来这个学生就不怎么学习了，初中就开始鬼混，高中没毕业就参加工作了。我认为这些和当年老师对他常说的"你真笨"三个字是有关系的。

我们每天不管是对自己还是对别人都会说很多话，是鼓励还是打击，是正面积极的信息还是负面消极的信息，是该说的还是不该说的，我们都要小心。小心自己的嘴巴，因为一不小心，就会影响到自己和别人的命运。

03

越是优秀的人
越能把控说话时
的情绪

学会控制你
说话的情绪

[1]

闺蜜丽丽给我打电话哭着说自己被学校记过了，原因竟然是我觉得在现实生活根本不可能发生的桥段。

原来闺蜜上大学后相处了一个男朋友，两个人起初特别甜蜜。虽然男孩觉得闺蜜有时候脾气太大，但又想想现在的女孩全都骄傲的像公主一样，任性点也没什么，便不再计较。

前段时间，男孩带闺蜜回家把她介绍给父母。男孩父母也表现得很开心，一家人其乐融融。可谁知，男孩邻居们突然到访，说是知道男孩有女朋友了，想来看看他们这个楼层的骄傲被哪个幸运的女孩给降服了。

闺蜜哪里都优秀，就是身高有点矮，而她男朋友的个子却很高。可能是闺蜜对自己的身高太过敏感，当听到她男朋友的邻居在她男朋友的妈妈耳边小声说着闺蜜太矮和那个男生不般配的话。闺蜜竟然发起火来，和她男朋友的邻居吵了起来，弄得男孩一家都很尴尬。

自从这件事后，她男朋友的父母说什么都不同意男孩和闺蜜在一起，两人也因为这件事有了隔阂。后来闺蜜男朋友提出分手，闺蜜便经常在男孩宿舍楼下、上课的教室、甚至是食堂大闹。

男孩实在忍受不了便请假躲了几天，谁知闺蜜竟然印了许多份"寻人启事"

在学校分发。这件事闹得很大，被学校知道后认为对校风有极坏的影响，便将闺蜜和她前男友全都记过了。

听她哭着说完，作为她的闺蜜，我着实为她的痴情感到心疼。但身为旁观者，我却觉得这场闹剧真的令人啼笑皆非，也深深地为她的男朋友感到同情。

生活中总是有这种人，一切以自己的情绪为中心，不能合理地控制情绪。想做什么就做什么从来不考虑他人的感受。最后将自己将他人都陷入一个尴尬的局面。

[2]

情绪，是对一系列主观认知经验的通称，是多种感觉、思想和行为综合产生的心理和生理状态。

情绪是人的状态，应该是人的附属物，人也应掌控好自己的情绪。然而现实生活往往是人被情绪操控了，人成了情绪的奴隶者。

复旦大学室友投毒案，男子冲动杀死妻子全家等这样的新闻屡见不鲜。这些人都为了情绪的被操控者，将受害人的人生，自己的人生都推向了万丈深渊。不提这些骇人听闻的新闻事件，生活中的我们也时常会因为情绪失控而对身边的人造成伤害。

比如没有控制情绪对孩子发火导致他们被吓哭，对父母发火令他们老泪纵横，对朋友、对爱人发火令他们辗转反侧难以入眠，对上司对顾客发火导致自己失去工作……一时的意气用事一时的发泄后的舒爽却造成长久的伤害、长久的内疚、长久的懊悔，得不偿失。

大家小时候肯定都听过这样一个故事：

有一个坏脾气的小男孩，每天都不断地发脾气。父亲为了克制他，就让他每次发脾气时在围栏上钉一颗钉子。

第一天他就钉了37颗，他特别震惊，没想到自己竟然发了这么多次脾气。他开始慢慢克制自己，慢慢地他钉下钉子的数量越来越少。后来父亲又告诉他，当他能控制自己的脾气时，就拔出一颗钉子，终于有一天他把所有的钉子拔出来了。

父亲指着围栏上的洞对他说：人生气时说的话就像钉子，即使后来拔去了，也会在心里留下疤痕。

是呀，有些伤疤不是时光，不是内疚所能弥补的，它就在那里用血肉模糊、用结痂昭示着你的错误，让你无所遁形。

生活就像一个调色板，每个人的情绪颜色都相互交错在调色板上，色彩斑斓。有愉悦的明亮色调，也有沉郁的暗沉色调，情绪色彩相互交织、相互影响。

你因为爱情的滋润愉悦的情绪冒出粉红色的泡泡，兴高采烈地来到公司。老板因为公务繁杂板着脸进行工作，全公司都一片低气压。因为一个错误，你被老板骂得狗血淋头，你想用红色的情绪怒火狠狠回击老板，可是想想那个带给你粉红色情绪的人还在等着你月末发工资一起出去旅行。

你深吸一口气最后忍住了。你红色的怒火情绪因为委屈与隐忍又变成了火红色。这种火红色的情绪你是自行消化还是发射出去和别人碰撞出红色的爆炸火花呢？

这时就显现出合理控制情绪的重要性，要知道爆炸不只伤人也伤己，更会波及身边的人。

冷静思考很重要，切勿激动时刻做决定。

平日天花乱坠谁都会去描绘，心情平静时很少人可以大脑清晰，步步谋划。可生活总给我们一些措手不及，让我们避无可避。

突发事件下最能考验一个人的情商。一个人真的能做到关键时刻悲喜不形于色，不在激动时刻轻易做决定，合理控制自己情绪，这种人才是真正的高情商。

[3]

产生不良情绪发泄出去乃人之常情。

但很多事情因做事的方法不同，产生的结果也就不同。合理控制情绪，选择好的发泄渠道既不伤害他人，也不会产生无法挽回的后果，便使自己不至于憋闷的无所适从。

林肯是美国历史上著名的总统，也是一个能合理控制情绪、选择好发泄渠道的人。一天，陆军部长斯坦顿来到林肯那里，气呼呼地对他说一位少将用侮辱的话指责他偏袒一些人。林肯建议斯坦顿写一封内容尖刻的信回敬那家伙。

"可以狠狠地骂他一顿。"林肯说。

斯坦顿立刻写了一封措辞强烈的信，然后拿给林肯看。

"对了，对了。"林肯高声叫好，"要的就是这个！好好训他一顿，真写绝了，斯坦顿。"

但是当斯坦顿把信叠装进信封里时，林肯却叫住他，问道："你干什么？"

"寄出去呀。"斯坦顿有些摸不着头脑了。

"不要胡闹。"林肯大声说，"这封信不能发，快把它扔到炉子里去。凡是生气时写的信，我都是这么处理的。这封信写得好，写的时候你已经解了气，现在感觉好多了吧，那么就请你把它烧掉，再写第二封信吧。"

这才是大智慧，这才是高情商。选择最无害的方式肆意发泄，然后充满激情地再次投入到工作中。

很多时候不良情绪总是伴随着突发事件相应产生，让我们避无可避。想要随时合理控制情绪可能很困难。我结合自身和身边人的经历向大家介绍几种合理控制情绪的方法：

1. 深呼吸

当发现自己的情绪已经濒临爆发的边缘，刺人的话将要脱口而出，双手已经握成拳头准备出击，委屈的眼泪将要溢出眼眶。当种种会造成不良后果的情绪呼之欲出时，请深呼吸，不停地深呼吸，告诉自己冷静，再冷静。

2. 幽默

幽默是一种特殊的情绪表现，也是人们适应环境的工具。许多看似烦恼的事物，用幽默的方法对付，往往可以使人们的不愉快情绪荡然无存，立即变得轻松起来。面对他人的熊熊怒火我们却能幽默相对。想象一下，你用自己的幽默化解了一场战争，这是一件多么值得骄傲的事。

3. 想象美好

通过想象美好来转移自己的不良情绪，让自己变得开心起来。比如面对一个你不想面对的人的熊熊怒火，可以想想晚上吃什么，假期放假去哪里旅行或者你喜欢的人。生活如此美好，你喜欢的一切又是那么美好。想到这么多美好，你还有多余的心情去回击他去发泄愤怒吗？

4. 换位思考

很多时候人与人之间矛盾的无限放大，都是因为只在自己的角度考虑问题。如果我们能在宣泄情绪的前一刻站在对方的角度考虑问题。或许你也就会理解对方为什么会做出让你觉得愤怒的事情，从而反思自己消解愤怒。

5. 让合理控制情绪成为一种习惯

这种方法是合理控制情绪的最高技能。一种行为坚持七天就会成为习惯；而坚持做某件事，时间长了，自然会形成一种条件反射式的习惯。当合理控制情绪成为一种习惯，自然是可以随心所欲再也不怕情绪的反操控了。

当今这个多方面发展的社会，情商已经成为走向成功、达成梦想的重要条件。我们通常以为情商是指情感商数，其实情商指的是情绪商数。合理控制情绪才能让我们的人生少留悔恨、少存愧疚。

在江湖言江湖，在庙堂言庙堂。我们毕竟不是脱离社会而存在的个体，而是需要与社会相融合的人。不用自己的愚蠢去伤害他人，不让自己的莽撞造成太多的悔恨，希望我们都能成为一个能合理控制情绪真正的高情商的人。

把说话练好，是最划算的事

很多人以为：你说什么样的话，透露出你是什么样的人。

但我觉得不只如此。你说什么样的话，你就是什么样的人。把说话练好，是最划算的事。

[1]

朋友小吕总是向我抱怨她在单位说话没人听，觉得大家都不爱搭理她。总在怀疑是不是自己情商低，融入不了同事的聊天圈子。

熟悉小吕的人都知道，她超级爱说话，而且都是废话。记得有一次我们几个朋友聚会，也有小吕。从她进门一直吧啦吧啦说个不停，除了吃东西能停一会儿。

不管是什么话题，不管关不关她的事，她都要插一嘴两嘴三嘴，直到别人已经换话题了，她还要进行一下主人式的总结发言，即使已没有人听了。

总是知无不言言无不尽，每个话题都要发挥，日积月累，效果很吓人。

有人夸张地说过，谁谁谁说话犀利带有爆点可以把死人说活。但我想说，活人遇到小吕说话宁可装死也不想继续听的。

当所有的容忍都转化为距离，人与人之间的情谊便从此销声匿迹。

[2]

　　孔子多次强调"要敏于事而慎于言""言不可不慎"。谨慎说话对于做人做事很重要，不管什么场合，都要注意自己的言语修养，言之有理，恰是对谈话双方最好的尊重。像小吕一样，一篓子一篓子地说话，别人的态度只能是置之不理，充满厌烦地走开。因为这个时候，小吕已经不是在说话，而是在产生噪音，已经很完美地破坏了谈话氛围。

　　该说的时候不要沉默，言之有理即可。成年人之间的交往，已经不是孩提阶段的咿呀学语，只要说得多就会得到大人夸奖一样。现在我们需要的是，管好自己的嘴，说简洁而有用的话。

[3]

　　你自以为的幽默，很可能是口无遮拦。

　　俗话说："良言一句三冬暖，伤人一语六月寒"。有时候话多了，浪费你唾沫不要紧，也有可能会对别人造成没有顾忌到的伤害。甚至，很可能你的不关痛痒，就是别人的至关重要。

　　不知道别的地方有什么风俗，我们家乡十分看重红白喜事，就是很讲排场，不管有钱没钱，面子一定得撑起来。朋友玲的爷爷去世了，邀请了好几个村子的人来帮忙办她爷爷的后事，前前后后数百口人在她家吃吃喝喝了一个星期。

　　其中大多是高高兴兴吃饭来，欢欢乐乐回家去的状态。在玲全家人因为老人去世悲痛不已的时候，丧葬现场吵吵嚷嚷，一片乌泱。

　　仔细听，会听到邻村的"大嘴"老安的大嗓门，在吆喝着喝酒吃肉，在席间催促着再拿一瓶好酒，让大伙喝尽兴。别人都在吃饭，就他一个人在扯着喉咙拿着酒瓶游走在各个桌子间，和一票子人说着荤段子，根本闭不上嘴。

我和玲在里屋，但是老安的音量根本阻挡不住，还是传了过来，本来已经哭得没有力气的玲，瘫倒在我身边，她攥着拳头，想要去和叫嚣的老安理论。

[4]

生活中肯定会碰到像老安那种说话不经大脑，发言不讲究场合，爱说伤人的话的人。细究他们，出口段子，能言善辩的实力不可小觑。但就是话太多，太把自己当回事了，总觉得别人的事都想听他的话，总觉得地球少了他就不会转一样。

这样久而久之，就控制不住自己的嘴了，逮着机会就演讲，一言不合就想呐喊。对待这样的人，我们能做的不是任他在耳边呼风唤雨，而是：充耳不闻，做自己的事，别为了他们破坏了心情，当自嗨者没有了共鸣的听众的时候，除非傻，有点情商的人都会赶紧闭嘴的。

说话，无非是表达自己、打动别人。说得多，或者一直说，都比不上说得准，做得到。我觉得语言最美的时候，就是我们透过语言，感受到彼此相互需要的时候。靠语言确认了彼此的存在，此时语言最美。老子曰："大辩若讷。"讷言，即忍而少言，谨慎慢言，说话前要三思，切勿口无遮拦，信口开河。

少一点年少气盛，多一份体谅包容

　　忍，说起来简单，但真正做起来就没那么容易了，特别是对于年轻气盛的人来说。可以这样说，人们犯的错，大部分都是因为"忍不住"造成的。

　　生活中每个人都可能遇到许多不如意的事情，比如，在职场中受到上司莫名其妙的训斥；某件事情明明自己没错，却遭受周围人的误解；交往多年的恋人分手了。假使你遇到上述情况，你会有"发疯"的感觉吧？

　　人一旦冲动起来，就难免失去理智，其实生活中有许多悲剧，就是因为当事人在突发情况下不理性、冲动，大发脾气，从而让事态恶化，给自己造成了无可挽回的损失。

　　报纸上曾经报道过这样一件事情：

　　一位大学生毕业后应聘于一家公司搞产品营销，公司提出试用期三个月。三个月过去了，这位大学生没有接到正式聘用的通知，于是他生气地找到副经理理论，陈述自己为公司所付出的一切，然后大骂公司不识人才，对自己不够公平。最后一怒之下愤然提出辞职。

　　副经理请他再考虑一下，他越发火冒三丈，说了很多抱怨的话。于是对方也动了气，明明白白地告诉他，其实公司不但已经决定正式聘用他，几位领导还开会讨论，决定提拔他为营销部的副主任。但他这么一闹，公司无论如何也不能再用他了。这位涉世未深的大学生因自己的"忍不住"而白白地丧失了一个绝好的工作机会。

专家证实，人在"忍不住"的时候，大脑就容易"短路"。人在短路大脑的控制下，要对棘手问题做出及时、正确的反应几乎是不可能的。人一旦忍不住了，就难免失去理智，做出愚蠢的决定。所以，当自己感觉到"忍不住"的时候就应自问："这样做能否达到目的？对解决事情有无帮助？"千万别因为一时的"忍不住"，就犯下一辈子后悔莫及的错误。

有一对年轻人结婚了，后来，太太因难产而死，留下一个孩子。父亲要忙工作，没有太多的时间和精力来照顾孩子，于是就训练了一只狗来照顾孩子。那只狗聪明听话，很快就能照顾小孩了。有一天，父亲出门去了，就留下那只狗照顾孩子。

父亲到了别的村子，因遇大雪，当日不能回去，第二天才赶回家。他把房门打开一看，发现到处是血，孩子不见了，而狗在床边，满口是血。发现这种情形，父亲以为是狗野性发作，把孩子吃掉了，大怒之下，拿起刀来向着狗头一劈，把狗杀死了。

这时，父亲忽然听到孩子的声音，又见孩子从床下爬了出来，于是他抱起孩子。他发现孩子虽然身上有血，但并未受伤。父亲很奇怪，不知究竟是怎么一回事，再看看躺在血泊中的狗，狗腿上的肉少了一块，旁边还躺着一只狼，狼口里就叼着狗腿上的那块肉。原来，狗和狼发生了激烈的争斗，最终拼命救了小主人，却被大主人误杀了，这真是天下最令人悲伤的误会。

因为一时的"忍不住"而使自己冲动的事情在生活中比比皆是。譬如，你一向尊敬的人，如果做出令你伤心的事情，你很可能立即讽刺回去。办公室是最容易滋生怒火的场所，当你看到能力平平的同事晋升，而自己却备受冷落时，便会怒火中烧，一怒之下跑到老板面前拍桌子，把辞呈往老板面前重重一摔，然后自以为很帅地说："我不干了！"这些做法，在当时可能令你出了一口气，但冷静下来，你会发现，有时候事情的真相并不是你以为的那样。同时，自己也往往因为"忍不住"而犯下了难以挽回的错误。

人一辈子犯的错，大部分都是因为"忍不住"而造成的。所以，在生活当中，我们应该理性地面对各种情况的发生，让自己少做一些后悔莫及的举动。

心情不好，就不要发朋友圈了

[1]

目前，朋友圈应该是最火的个人动态自留地之一。

越来越多的人习惯于在这里发布近况和各种情绪。

朋友圈对不同的人来说，有不同的用途。有的人把这里当作记事本，记录自己生活的点滴。有的人把这里当作广告位，不间断地进行产品宣传。有的人把这里当作业余好去处，闲暇之际进行读书分享。

而前段时间，我认识的一个小朋友佳阳，把她的朋友圈当作了第二战场。她因为工作和一位同事上发生了一些争执。

两个人从最初关于工作的争吵，发展到对彼此的人身攻击。

最后，在领导的呵斥和同事的劝阻下，一场面对面的战争，终于偃旗息鼓。

事后，佳阳觉得"意犹未尽"，回想自己刚才的表现，有诸多不满意的地方。她内心的气还没消尽，于是在自己的朋友圈再度开战，一顿大骂，好一通发泄。情绪激烈，措辞难听。

随后，她还补充了一条朋友圈，是大家给她留言的截图。

留言一边倒，多是对她的支持和安抚。类似"不与傻瓜论长短"的安慰，占据了半壁江山。

毕竟，她的朋友圈都是她的熟人，大家只是站在朋友的角度，给予她友情支持。

当然，也有人劝她，让她删除朋友圈，善意提醒到"做人留一线，日后好相见"。但她态度坚决地回复："我就不删，我也没有屏蔽任何人，就是要让她看到。"

据她说，与她争执的同事，自始至终没出声。她带着胜利者般的炫耀。然而，若真如此，情商上，对方却略胜她一筹。

不管事实真相如何，争吵赢了的那一方，往往都是最后的输家。

[2]

即使没有争吵，即使都是岁月静好，朋友圈也会在不经意间暴露一个人的情商。

最近，我的朋友森就深受朋友圈岁月静好式的"低情商"所害。

某天，森的朋友A晚上要搬家，东西不多，请搬家公司嫌浪费又不放心。所以，当天下午，A问他晚上是不是有空，连人带车征用。

当晚，他正巧和一群朋友约好去酒吧谈事情。这是几天前就约好了的。所以，他十分歉意地拒绝了A，说晚上有事情脱不开身。

第二天，朋友A甩了一张截图给他，一言未发。

他一看截图，真觉得百口莫辩。这是朋友小安的朋友圈截图。前一天晚上，森约的朋友里面有小安。所以，当时小安也在酒吧。

小安是森和A共同的微信好友。九张照片，配合几句文字。只看文字，让人觉得暖意融融："春风十里，不如有你在身旁。朋友一生一起走！"

森急忙转到小安的朋友圈，打开那条动态。下面的配图里面，当晚的每一个人都露了脸，自己当时正举着酒瓶和别人拼酒，笑得像个傻子。

照片是在他完全不知情下"偷拍"的。即使没有A搬家这个插曲，单看照片，森的介怀也是无可厚非的。

他在给朋友A的微信里，删了又写，写了又删，终于没做任何回复。过了很久，A再次发来了一条信息，缓和了他内心的别扭："我想说，你这张照片笑得真丑啊。"两个人在微信里一顿打哈哈，这事儿算是过去了。

森讲这件事时，叹了一口气说："A的心里未尝不是在意了。不然，也不会专门截图发过来。"

安这一小小的举动，暴露了他很少站在别人的角度考虑问题的弱点。

他不关心别人是否愿意被他曝光，也不关心是否会给别人带来不便，以及内心会有怎样的不适感。

你的朋友圈固然你做主，你爱发什么你说了算，自然与别人无关。但是，"你说了算"，这仅限于你对自己说了算。

未经别人允许，在朋友圈曝光别人的行踪和照片，情商高低，可窥一斑。

[3]

还有一些人，他们的朋友圈，简直是在给自己挖坑，一锹一铲都是在自我出卖。

我一个做HR的朋友说，她曾经因为朋友圈，放弃录用一个应届毕业生。

那个应届毕业生在整个招聘过程中，笔试和面试都表现得十分优秀，言行举止大方得体。朋友十分看好他，在内心已暗暗将他纳入录用名单。如果不是因为一个小意外，他们现在应该已经是同事了。

第二轮面试结束之后，小伙子为了方便沟通，请求添加朋友微信。朋友爽快地加了对方微信。

互加微信之后，她随手翻阅了一下对方的朋友圈，顿时改变了录用心意。这个小伙子的朋友圈里，充斥着满满的戾气和负能量。

比如，他们和兄弟学院踢球输了，他的朋友圈写着这样一条心情："郁闷，居然会输给那群人！"

他似乎每隔几天心情就会低落一次，类似的心情经常可见："这鬼天气，让人心情莫名低落。不上课了，去打游戏！"

他若心情不好，一天必定沉浸在消磨时光之中。别人若和他意见相左，一定是对方的错。

朋友说，他的朋友圈让她倒吸了一口冷气。

他居然是情商如此低的人，人生的每一步都需要人捧，需要人哄。

他若情绪不稳定，必会影响工作效率。公司不是幼儿园，没办法照顾到每个人的情绪，让每个人遂心顺意。所以，她果断放弃录用那个男生。

当然，这并不是说，朋友圈充满阳光和正能量，他就一定是个高情商的人。但是，如果一个人，在朋友圈都不懂得克制和收敛自己的负能量，不能控制自己的不良情绪，那么这个人在现实中必定会输给低情商。

正如"情商之父"丹尼尔·戈尔曼所说："智商高的人也许事业无成，情商高的人却一定能表现非凡。"

删除朋友圈并不是提高情商的办法，这只不过是掩耳盗铃而已。

要做一个真正高情商的人，就要学会克制自己的情绪，学会换位思考和尊重别人。

这是一个不断提升自我的过程，是一场漫长的自我修炼。然而，不管怎样，千万不要让你的朋友圈，暴露了你的低情商。你永远不会知道，这会给你价值百万的形象，带来怎样的不良后果。

别让你的梦想
只是纸上谈兵

　　说不清是从什么时候开始，不再随便兴致勃勃地跟人聊梦想，甚至开始厌恶那些只说不做的嘴脸。冷静下来才发现，那厌恶其实是冲着自己来的，口口声声说着梦想，却只会镜花水月地给自己希冀的未来打白条，着实可恶。

　　经历过那些只是拥有梦想就觉得幸福，哪怕只是谈谈梦想都觉得兴奋的年纪。当现实中的不如意不再能用对生活一而再再而三的迁就、将就，甚至是妥协来抚慰的时候，你突然发现平日里说得风生水起的那些所谓的梦想，除了想一想，就只剩下偶尔才会出现在深夜酣睡时，或白日无聊发呆时的梦。

　　当然，人的日子不是不能这么过下去，当你发现身边绝大部分的人都是这样生活的时候，要从中逃脱是需要愚公移山的勇气的，一则要有持之以恒的耐力，二则要做好抵御孤军奋战时的孤独。

　　儿时的我极爱童话，也爱给小朋友们讲那些被我吸收后深加工过的童话故事。每当看到大家津津有味的样子，我想长大以后或许我能成为童话作家，写像《豪夫童话》里《矮鼻儿》那样的画面感十足，情节跌宕起伏的故事……可后来老爸说："作家？饭都吃不饱。"想来，填饱肚子还是很重要的，当作家吃不饱饭，那算了吧。

　　少年时，我画得一手好画，对家居设计甚是喜欢，我的启蒙老师又一直认为我是个在美术方面极有造诣的孩子。在给我开了几年的私灶之后，当她因私人原因必须离开我们生活的城市时，还特意给我写了一张现在看来类似推荐信的字条，让我的父母带着我去找她早已退休的恩师，让那位据说退休已久早不再收学生的，很厉害的老师能破例将我收入门下。还记得那长着圆圆脸，面色若桃花的女老师将字条递到我的手里，扶着我的肩膀语重心长地叮嘱说："别忘了，一定要让你父母带着你去拜访哦。"像天将降大任般，我心里满是得意地将字条和原话带给了我的父亲，告诉他我将来长大了要做室内设计师，老爸说："室内设计师？都养不活自己。"养不活自己！那怎么办？还是不要做了，再想想吧。

上大学前的几年间，我想过要做心理医生，可老爸说中国的心理学发展滞后。我说要做律师，老爸说中国自己的法律都不健全……如果说考大学选专业算是为实现梦想埋下根基的话，那最后经过一轮又一轮的排除法、比较法之后定下的电子信息工程，算是基本满足了我懵懂的认知，又符合老爸对我未来出路的想象。可是这么多年下来，看看我现在的生命轨迹，早就不知跑偏了多远。

曾经受杂志的邀约写过一篇主题关于父母是"祸害"的文章，内容大致说的就是我那些早年被"老爸说"掐死在襁褓中，夭折的梦想。现在想来幼稚得很，其实没有人能扼杀你的梦想，除了你自己。没能坚持并不是因为那句"吃不饱饭"或是"养不活自己"，而是当时对于自己的不确定和对世界的陌生感，与他人无关。

诺贝尔文学奖获得者乔瑟夫·布罗德斯基曾经说过："一个人的首要任务在于掌控属于他自己的生活，而不是外界给他强加或规定的生活，不管那种生活表面上看起来有多高贵。因为人的生命只有一次，如果把这仅有一次的生命耗费在别人的表象和经验上，那只会让我们悔恨万分。"

在梦想初长成的年纪，对于自我和人生本身都缺乏了解，更何来经验之说，唯一庆幸的是，虽然懵懂，虽然无知，但却倔强得不肯将他人双手奉上的经验据为己有，即便跌跌撞撞也要自己往前走。

我遇见过一个在路边卖唱的男孩，每天风雨无阻，他带着他那把花200块钱淘来的二手电吉他，一手拖着一个湛蓝色的，更多时候会出现在早市，主妇们用来盛新鲜蔬果的尼龙布编织拖车。轱辘和地面摩擦发出均匀的沙沙的声音，他极小心稳当，因为里面装着朋友买来送他的音响。

我认识他的时候，他才23岁，守过地下通道，唱过地下铁，上过《非你莫属》，后来托朋友的福在北京世贸天街的天幕下有了一个固定卖唱的位置。他和我们认知里的那些在街边拖个音响唱歌讨生活的人最大的不同在于，他正经大学美声专业毕业，和所有来北京的搞音乐的那些北漂一样，希望有一天能出人头地，只是他却选择了一条让人跌破眼镜的道儿。

那几年，卖唱所得几乎是他唯一的收入，一首原创歌曲《妈妈对不起》因为上了《非你莫属》让他多少赚得了些掌声和知名度。然而现实却是，他的妈妈在他到北京的第3年才第一次从电视节目里知道自己的儿子居然在地铁里卖唱。拨通他的电话哭着埋怨道："你可把我们家人的脸都丢完了！你在哪儿唱不好，还跑人家车上去了。"可妈妈不知道，那段视频播出之时，男孩其实已经在街头唱歌有1年半的时间了。

第一次在地铁唱歌，第一次听到有人带着鄙夷的口气说："什么玩意儿，哪儿都唱"，还有那第一次带着讥讽语气的"要饭的"都像玻璃弹珠弹啊弹啊弹进男孩的心里，长长的尾音许久都不落。

今天我依旧记得男孩用那双清澈的眼睛看着我说："为什么我还在地铁上唱，因为我发现每天掌声都比那些骂你的声音多。我不可能因为几千个人有几个骂就放弃，如果你是因为他们而活，那你就自暴自弃去吧。我想要做得更好给支持我的人看。"

想来别人的事与己何干，我们通常连自己都搞不定，到头来还怪现实和梦想之间有着如鸿沟般的距离。说真的，那"距离"大多数时间都是凭空臆想出来的，有几个人真正见过，都没去实践过！

男孩的坚持总算有了回报，从他的微博上知道，后来有唱片公司签了他。我相信这并不是他寻梦的终点，甚至这也不一定就是他梦想的美满结局，但至少他阶段性地实现了他的梦想，白驹过隙，即便只是回忆也是极好的。

人生来有惰性，总需要些刺激，至少我是如此。面对挑战，我会害怕，想要逃避。这种时候就需要些将我往前推的刺激，这些年我记者生涯中遇到的那些人，那些事，给了我不少正能量。每当我开始满足现状，向下比较的时候，就会有这样的故事出现，羞得我无地自容。我总是不停地问自己："你真正想要的是什么？你真的已经得到了吗？你能得到吗？怎么才能得到？"这样的问题我问过自己千遍万遍，不是每次都有答案，但却每次都能让我振作，正视自身存在的问题。

还清楚地记得第一次面对未来的生活坐立不安，无限恐慌的那年，也是朋友们觉得我在报社过得最滋润的那些日子。松散的工作时间，大权在握的工作，吃香喝辣的生活……致使在离开报社北上的很长一段时间里，亲密的朋友还是会问，"我实在搞不懂，放着这样风生水起的日子不过，你为什么要跑到北京去受那份罪？"当时没人能看到我在面对未来一眼就能望到头的日子的那种恐慌和绝望。长辈说："你是个心很大的孩子。"我是吗？我不确定，对于北京，我向往的不是那所谓的大城市的生活，只是单纯地以为那里可以成就我对职业的梦想。

渐渐地，我才懂得课本里说的近期目标和远期目标指的就是梦想的阶段性，而梦想在付诸行动之后就被俗称为目标。在实现目标的路途中，我希望能与谁为伍，所以我喜欢那些对生活充满热情、行动力强的人，在人的劣根性面前，携手共进是最好的抗体。那些被提及的梦想，是因为存在着实现的可能才被称之为梦想的，不然就只能是幻想。

在这个梦想泛滥的时代，人人都在高谈阔论着所谓的梦想，可未必人人都知道那究竟是什么。我已经厌倦了只说不做的短暂兴奋感，那随之而来的失落才如黑洞一般把人的热情一点点啃食干净。

　　我是个倔强的姑娘。我不甘心这一生没能做一件我愿为其倾尽所有智慧和努力的事，那将是何等的遗憾，既对不起来世上走这一遭，也对不起为了找到它，这一路走来的挫折和坎坷。

心情不好，
发泄得也要有度

　　我和闺蜜小萤一起看电视，有一个故事情节逗笑了小萤：温柔多金的高富帅总裁突然对着下属发了通邪火，下属们噤若寒蝉。而他发火的原因，只是因为他那个灰姑娘女朋友莫名其妙作了一下。

　　小萤说："这电视演得太假了，现实生活中，身居高位的人，除非根本就不在意事业，否则是不会随便发火的。他们的每一次发火，都是事先想清楚了的，带着一定的目的，是为了发火而发火，是处理问题的一种形式，而不仅仅只是发泄情绪。"

　　这个观点对于我来说，还挺新颖的。可我却不认同，连发火都"有预谋"，人生还有什么意思呢？小萤和我不同，她是事业上的女强人，待在一家以"宫斗"和"站队"闻名的大公司里，见惯了血雨腥风，才会说出这样的观点吧！

　　小萤问我："你觉得我脾气好吗？"

　　"当然好啦！"我和她做朋友好多年，还没见过她跟谁大小声过。唯一的一次发火，是我俩一起去买衣服，她买单之后发现有瑕疵，让服务员拿件新的来，服务员抱着衣服到后面仓库转了一圈，又把那件拿出来，她当场指出来对方不承认，让退钱不肯退才发的火。

　　提起那次发火，小萤印象倒也深刻。她问我："那你记不记得我发完火之后又干了件什么事？"

　　我仔细回忆了一下，当时她疾言厉色指出服务员的小聪明，差点把那服务员骂哭，之后突然又软语温言跟她说："我跟你们老板是朋友，每次买衣服都在你家买。没有新的你告诉我一声就好了，大不了我等你们下次进货，不必这样骗我的。"

说完，她不仅没再强烈要求退钱，反而拿着那件有瑕疵的衣服走了。

那家店的老板，跟我俩都认识，平时倒也能玩到一起去，但算不上多铁的交情。小萤在店里发了一通火之后，那老板打了好几个电话跟小萤道歉，还要请她吃饭。那天我也去了，那老板当场把衣服钱退给了小萤。小萤没说啥，收了。改天买了套玩具送给那老板家的闺女。一来二去，两人倒处成了朋友。

小萤跟我说："你知道我为什么要发火吗？我不发火的话，我吃了亏心里憋闷，而他们老板也未必知道这件事。我发出来当时的确让她难堪，却也是在提醒她，做事最好不要耍小聪明。她老板知道这件事之后肯定会跟我道歉，除非她愿意损失一个老顾客。她退我钱我收了，下次我再买礼物送去，做人就做到位了。那老板反而觉得我这个朋友值得交。"

小萤说："我在公司也很少发火。除非遇到不发火解决不了的事情。比如说，下属耍小聪明蒙骗我，或者其他部门对接人员故意给我使绊子，加大我部门的工作量和工作难度。对方的错误太明显，我确定能一击即中，且下次不会再犯，才会发火。发火的目的是为了告诉他，不发威只是脾气好，不要轻易拿我当病猫。"

我得承认，小萤说服了我。我不由得想起上次跟我婆婆发火的事情。

我婆婆是个分寸感特别差的人，在我和大熊的小家做客，还总喜欢充主人。家具按她的要求摆，做饭按她的要求做，动不动以过来人的口吻对我耳提面命。还有我那小姑子，向来刁钻刻薄，一副我嫁给她弟弟就成了她们家奴隶的嘴脸。看在大熊的面上，我不想跟她们把关系搞僵，就一直强忍着。可他们以为我好欺负，在我家颐指气使不说，还挑三拣四。我忍无可忍之下爆发了，当场对她们吼了出来。

吼完之后，他们都离开了。大熊知道我那段时间受了委屈，倒也没说什么。只是我和婆婆以及小姑子的关系，就变得很微妙了。他们跟我说话，就有些小心翼翼，还总喜欢背着我悄悄给大熊打电话。

我毕竟年轻，经验不足，看着她们背后跟我老公说小话，只能默默生闷气。大熊比我年长几岁，他知道我一直和婆婆别着不是长久的办法，就背着我做了些事情。给他妈买衣服，说是我买的。给他姐打电话，说我正在做饭，让他带话问好。

一开始我不太理解，反而觉得他有些多余。直到后来，女儿小宁突然生了病，而家里的钱被套在股市里，一时拿不出来那么多。他跟他妈妈说了，他妈妈头天把钱寄了过来，第二天人就到了。

我是不欢迎的，但人来都来了，总不能赶她走。这一次，婆婆不仅全心全意帮我照顾孩子，反而在家里，事事以我的意见为主。

我见好就收，对她也分外客气起来。我们的婆媳关系，维持了新的平衡。

现在想想，虽然那次发火，并非刻意，但确实给我带来了好处。让我婆婆知道了我并非一味忍让，逼急了，也是有脾气的。

我跟小萤讲了这件事。小萤说："对呀，发脾气这种事用管理学讲也能讲通。胡萝卜加大棒理论你很熟悉吧！发脾气是给一棒子，事后再给一只胡萝卜，运用得当，人都能为你所用。就像你和你婆婆，你忍着，心中有气，她不知道，你们之间的关系就特别疏远。你发了脾气，或许她一时难以接受，但事后，买东西给她，关心她，尊重她，她就知道了，你当初发火，只是因为她挑战了你的底线。这种状况多发生几次，你们之间不仅相互了解了，反而能相处的更好呢！"

小萤说："当然了，为发泄发脾气也不是不可以。但一定要想好，这次气撒了，下次关系还能修复吗？如果是永远无法修复的关系，那就不要发脾气了。

发脾气的前提一定是，和颜悦色无法解决的事情。发脾气最重要的是，态度表达出来就好，内心未必真生气。至于那些可发火可不发火的事情，还是不要发火为好。要知道，生气伤肝。"

听了她这一番话，我真心觉得，这姑娘已经活成人精了。

控制脾气 也是一门大学问

[1]

有一个亲戚，最讨厌他老婆娘家人来走亲戚，因为他老婆有好几个姐妹，每次一来都是集体出动。因为姐妹情深，总想着来的时候大家一块来，这样就可以一起聚聚。

可是，那个亲戚却不这样想。

每次他老婆的姐妹们一走，他就要对他老婆破口大骂，说你让他们来干什么，家里的油都被他们吃掉了大半桶。

我天天挣钱多辛苦，就留着让你这么浪费的吗？以后不许再让他们来了，来了我也让他们滚。

他老婆憋着一肚子气不敢还嘴，因为被我那亲戚打怕了。

亲戚不允许他老婆向娘家人诉苦，但是他会去向他的父母诉苦，说你看她那都是什么亲戚，我出差刚走几天，回来他们就把我家里的东西都吃光了，照这样下去，我挣再多钱也不够花的。

他的父母一边可怜自己的儿子，一边附和着说："这样怎么行，我儿子娶了她难道还要养活她们娘家一大家子人吗"？

然后，有一次我因为路过他们的城市，就去他们家拜访一下，他老婆哭着向我数落他的种种不是。

清官难断家务事，我不能说他们到底谁对谁错，但我想不管怎样，一个真正有本事的男人是不会因为一点柴米油盐的小事而斤斤计较的；一个真正有本事的男人也不会因为一点小事而大发雷霆的，况且那个人还是自己朝夕相处的爱人。

[2]

很多时候，我们对待外人热情友好，可是面对亲近的人时，往往容易暴走脾气。

总是觉得不管自己怎样，家人都会包容我们的小脾气，所以对家人我们总是表现得肆无忌惮。

是的，不管我们如何对他们发脾气，他们都不会离我们而去；不管我们对他们如何发脾气，他们都会体谅包容我们。

可是，这并不能代表当我们冲着他们大发雷霆的时候，我们的冷言恶语就伤害不到他们。

还记得有段时间，我失恋，整个人脾气变得很差，稍微不顺心就大发脾气，发完脾气就一个人躲在房间里痛哭。

那段时间，我身边的亲人、朋友几乎没有人在我面前大声说话，因为他们都怕了我，怕我再发脾气，更怕我会做出过激的行为。

我把自己隔绝在自己一个人的世界里，不许任何人走进来，我觉得此时此刻的自己就是世界上最伤心欲绝的人。

他们让我吃饭，我不吃，再说，我就冲他们发脾气。

我以为我是最伤心的人，可是无意中一次我打开房门，看到一桌子的剩菜才知道其实父母比我更难过。

他们做了一桌子我爱吃的菜，我没有吃，他们也几乎未动。

我突然意识到自己这些天所做的这些错事，为一个不爱自己的人痛彻心扉，然后再把自己的痛苦发泄在爱我的那些人身上。

我怎么可以如此残忍，怎么可以如此伤害爱我的亲人。

他们用无私的爱包容着我，而我却自私地伤害他们，对他们大发脾气。

我一直努力要成为一个更好的人，可是如果连自己的情绪都控制不了，如果不能做到对家人温柔和蔼的说话，那么即使再优秀也是一个失败者。

然后，我开始改变，努力学会管理自己的情绪，温柔说话，不对亲近的人发脾气。

[3]

南怀瑾在《论语别裁》中关于脾气讲述了一段很有趣的话，他说："上等人有本事没脾气，中等人有本事有脾气，下等人没本事有脾气。"

细细想想，确实如此。

很多人都说人人平等，但很多时候，人与人之间确实是有高下之分的，这个区别的分水岭不是金钱与社会地位，而是脾气维度。

很多人都说人是有欺软怕硬的劣根性的，脾气太好的人容易被人欺负，想想真是好笑。如果你没有本事的话即使脾气再大，也不会让人刮目相看，反而容易惹起更多的是非。

而真正有本事的人，一定不会是乱发脾气的人。那些谦谦君子，温润如玉的性格，让人忍不住想要与他为伍，打心眼里对他信服。

看看那些领导人，官越大，待人越温和，反而是那些芝麻绿豆的小官们，仗着自己的一点权势，耀武扬威，一点不爽就对别人恶语相加。

我不能说有本事的人就都没有脾气，但真正有本事的人一定懂得如何合理控制自己的情绪，并且善于换位思考。

有没有脾气是性格问题，但能不能合理控制自己的脾气却是修养问题。

修养不够的人，才更容易因为一点小事而暴跳如雷。

[4]

之前认识了一个女孩，家里很有钱，虽然平时待人很好，但如果别人和她意见不合有所争论的时候，她就会变得很愤怒，然后指着对方的鼻子说："你凭什么管多，我用钱砸死你，你信不信？"

然后，对方便不敢说话了，因为女生家里确实很有钱，如果她真的用钱的话确实可以"砸死"一个人。

但我想这种女孩虽然家里有钱，可以称之"白富美"，但永远只能是暴发户，而成不了真正意义上的名媛贵族。

因为她的修养不够，仗着自己的家境优越，而对别人颐指气使，虽然她人很漂亮，但乱发脾气的模样真的面目狰狞。

有人说脾气来了，福气就走了。我想一个真正灵魂有香气的女子一定是懂得合理控制自己的情绪的人。

所谓气质优雅，不单单只是外表，更是内在的涵养。

每个人都有自己的脾气，世界上的事情纷繁复杂。当我们郁郁不得志的时候，当我们心情低落的时候，当我们烦躁不安的时候，当我们伤心难过的时候，难免会脾气暴躁，看什么都不爽。但越是这个时候，我们越要努力克制自己，不能让自己轻易发脾气。因为这时你的大脑是不够理智的，如果不加以控制，很容易做出过激的行为。

缓解坏情绪的方法有很多，但绝对不包括轻易对别人发脾气。

生活中很多人一有点不如意，就会破口大骂，有的甚至酒后失态，发生暴力事件。但看看他们的生活，你会发现，那些爱发脾气的人大多都是生活不如意，人生郁郁没有作为的人。没有本事的人才会爱发脾气，因为除了发脾气以外，他们找不到其他可以引人注意的焦点；除了发脾气，他们也找不到更好的宣泄自己情感的途径。

而一个真正有本事的人，一定是一个温柔不爱发脾气的人，因为他们知道懂得合理控制自己的情绪，他们更懂得发脾气只能徒增烦恼，解决不了任何实际问题。

一个人的脾气就是一个人本事的外在表现，越无能越爱抱怨，越厉害就越默默努力。

我喜欢那些低调做人，高调做事的人。他们不显山露水，不轻易抱怨，也不乱发脾气，但会努力用自己的行动去做好一件件事情。

他们无需向别人炫耀他们是有本事的人，他们也无需用发脾气来显示自己的本事，因为他们知道什么才是最重要的事情。而只有那些没本事的人才爱发脾气，因为发脾气是他们人生中很重要的一件事，如果连脾气都没有了，那么他们就真的会觉得自己更无用了。

别用言辞犀利的言语
伤害最爱你的人

胡大姐是我们单位请来的清洁工，无论刮风下雨，她总是第一个到达单位，然后每天都非常努力地把整个单位打扫得一尘不染。

我是那种准时上班的人，不管前一天加班有多晚，第二天一到上班时间，定会若无其事的又出现在办公室里。为此，胡大姐对我一直印象不错，老说我是一个很认真也很严格要求自己的人。因为每天都比别人早一些来到办公室，和胡大姐相处的时间就相对多一些，我们之间就经常会谈谈心事、聊聊家常。

和她交流中，我得知胡大姐出身不是很好，文化程度很低。她曾经好不容易在当地的一个小企业谋得一个流水线的工，后来企业倒闭便下岗了，之后陆续在快餐店、送水店等做过一些短工。但近两年，随着年纪加大，人家不是觉得她文化程度太低就是觉得一些体力活不适合她干了，她找工作总是被用人单位婉言拒绝。找到这份清洁工的工作，在她看来还算是幸运的，虽然工资不算高，但是能够补贴些家用，能够基本满足她两个孩子读书的开销，她心理十分高兴。

很多人都觉得胡大姐做着又累又脏的工作，很不屑于和她交流，甚至连碰面都懒得打招呼。然而，随着我对胡大姐了解的不断深入，我对她却怀有一种莫名的敬意。我觉得她虽然出身不好，没有文化，家庭也贫困，但是却很乐观坚强，且勤劳又勇敢，是一个特别称职的母亲、一个特别能干的女人。因为这样，我对胡大姐一直特别崇敬，这种崇敬，准确地说，是因为在她的身上，我看到了如我母亲那般倔强的模样。

我母亲也是一个没有读过几年书的农村妇女。那时候农村重男轻女非常严重，据说我外婆烧香拜佛整天想生个儿子，于是连生了三个女儿后，终于有了我舅舅，可想而知作为排行老大的母亲是多么不被重视。母亲告诉我，她总共只上了三年学，而且天天都是背着我舅舅去的，每天放学回家总是一身屎尿味，刚去了三年，外公外婆觉得女孩子读太多书没有用，总是要嫁作他人的，于是母亲就连一边背着舅舅一边念书的机会都被活活剥夺了。为此，母亲对知识的渴望总是特别强烈，对子女也寄予了非常高的厚望。她说她这辈子最大的心愿就是要让我多读书，不要重走她没有文化的老路。就是这样的信念，过去的十几年时间，我母亲不管是有吃没吃，她愣是把我送出了山外，送进了大学。因为母亲的执着，我也成了我们大山深处那个偏远小山村里第一个能够走出大山，去外面上大学的女孩子。

有一次，我无意说起我母亲支持我读书的境况，胡大姐眼睛突然就湿润了。她说她最大的愿望就是让她孩子走出大山去上大学，将来能够自力更生，甚至是找到一个好工作，不用再做又重又累的活儿。如今，她两个孩子都非常争气，大女儿准备大学毕业，小儿子也即将高中毕业，成绩还不错，而且大女儿还在学校期间就已经自给自足，她非常自豪和骄傲。看着她一边说起孩子一边眼中泛动的泪花，还有泪中含笑的温暖笑容，我再次被她的坚强、勤劳、善良、执着和勇敢深深感动着。也许，正因为胡大姐自己并没有上过几年学，没有什么文化，她更加懂得文化知识对于一个农村孩子意味着什么，自力更生对于一个孩子意味着什么。这样的母亲，其实不管她从事什么工作，身份地位有多卑微，我都觉得她是一个真正伟大的母亲。

记得有一次，胡大姐在打扫卫生，遇到个别同事没有把垃圾投放到指定位置，也没有分类投放，便善意提了醒。有个同事觉得她唠叨，也或许是瞧不起她一个扫地的阿姨，非但没有觉得歉意，竟然狠狠回击她："你就是我们请来扫地的，如果没有垃圾你不是下岗了吗？"胡大姐听了，略微诧异了一下，便默默转身离去。从那以后，她每天扫地时，再也不会多说一句。

我不知道那一刻的胡大姐是何种感受，但是，我相信，这样的一句话，一定足以让她刻骨铭心一辈子。就像当年我母亲总是被别人说"你就是个文盲，你懂什么，不要插嘴"一样。我相信，总有一天，当她们儿女们一个个长大成人，一个个学有所成，一个个能自力更生，一个个学会孝敬父母的时候，她们一定可以骄傲地告诉别人，文盲不是我的错，卑微也不是我的全部，她们同样有着不亚于任何人的自豪和骄傲。

其实，工作不分贵贱，身份不分高低，每一个勤劳勇敢而又坚强的人都应该值得被尊重。当我们在用犀利的言辞伤害这个人的时候，我们都应该问问自己，我们连尊重都不会，凭什么觉得自己高人一等呢。

请温柔点说话

[1]

"你好好说话会死吗？"

"不会啊！"

"可是，我也不知道，从什么时候开始，我已经不会对身边的人，好好说话了。"

[2]

两年前，在公交车上，碰到一对母女。我第一次在公众场合，看到一个姑娘把自己的母亲骂哭了。

好像是一块去买菜的，姑娘看起来就心情很不愉快。母亲倒是兴高采烈的样子，一边看着公交车的前方，一边和她聊着周遭七大姑八大姨的事。

姑娘没说一句话。连"嗯嗯啊啊"都没有。我心想，现在的小姑娘，果然和我们以前的不同了，像我就算对母亲的话语再烦，也面带和悦地点点头。

道路有点不稳，全车的人都在颠啊颠，公交司机突然一个急刹车，母亲的一篮子菜全部倒在了地上，土豆洒得满地都是。公交车不算太挤，幸好也有足够的空间，母亲慢慢挪步捡着蔬菜。

突然，小姑娘发声了。"你看，菜没装好的下场吧。"回头又是一句，"丢人，真是再也不想和你出来了。"

半车的人都在帮这个母亲捡土豆和蔬菜，只有那个小姑娘，嘴里叨叨着，冷冷地看着，一边斜着眼一边漠然地看着前方。

母亲整理好，坐到座位上，小姑娘还扭着身体冒了一句："你以后可以让我省点心吗？"这个母亲的眼眶已经很红了，如果不是在这个公交车上，可能已经放声大哭了。

我活了快三十年，第一次听到一个十八九岁的小姑娘这样颐指气使地对待自己的母亲。

"对自己的母亲，你好好说话会死吗？"一个七十多岁的老公公，突然转过头不紧不慢地说了一句，"小姑娘，谁都有年纪大行动不便，跟不上时代的那一天。"

"我心情也不好，谁来体谅我呢！"小姑娘白了她一眼。

"你心情不好是你妈造成的吗？但你妈心情不好，好像就是你造成的。"

是，不是你心情不好，全世界都得陪着你哭；不是你心情不好，周围的人都得忍受你的一切。不是你身怀锋芒，手藏匕首，就有资格在难过的时候，刺向你最熟悉的人，杀向所有的陌生人。

而不好好说话，其实，是解决不了问题的。伤人也伤己，你得不到愉悦，别人得不到温暖。

两败俱伤。

[3]

我的闺蜜林大曲最近分居了。分居的当晚，大曲的老公打来电话问我原因。

"因为你从来都不会好好说话。是的，这句话是大曲跟我说的。"

"我除了这一点，其他都真的很好吧。"

"你其他是很好，可就因为这一点，她就是不开心了。"男人不知道自己的女人想要什么，就是最要命的。

我第一次觉得大曲的先生对大曲并不友好，是在一次吃火锅的时候。

"大曲，你智商是负数吗？""大曲，你怎么又错了！""大曲，我该说你什么好呢！"

吃一顿火锅，这三句话说不下十遍，每次都是拿着筷子，恨不得戳过来。当时也就发生了三件事，第一件事是大曲不小心把龙虾丸放得太用力，溅了一点水；第二次，是倒饮料的时候，一不小心把果汁倒进了椰汁杯里；至于第三次，无非是服务员走过来，把大曲身后的包给挤下来了。

说真的，当时，我差点跳起来说："你好好说话会死吗？"

好好说话，不应该是一个人最起码的素质吗？

而后吃过几顿饭，每次对大曲都是不公，大曲本来就马虎，那一次吃西餐，一不小心把餐刀掉在地上，她老公第一时间跳起来："你能不能好好吃饭！"俨然一副男主人教训女仆人的样子。

大曲也算是好脾气，没怎么吭声，岔开话题。其实，大曲也有大曲的委屈，她说自己已经不下百遍地对老公说，希望他能好好说话。老公也答应了，不过每次还是完全无动于衷。

大曲彻底打算和她老公分居，是因为有一次在她父母面前，她老公竟然对着她大发脾气，原因是，大曲一不小心把碗打碎了。大曲的老公喋喋不休地劈头盖脸骂她足有5分钟。大曲的父母都直接吓呆了。

"我离开他，一点都不酷，也根本谈不上作。如果婚姻让我烦心，不如彻底决裂。"

大曲的老公说："我脾气不好，我不会好好说话，可我都是为了她好。"

谢天谢地，人与人之间能够相处，最重要的，不是物质，而是感觉。情动声色，声色虚无，何来情动。

热菜热汤谁不会做，口红包包谁买不起，你要知道，你身边的女人，可能只想你"好好说话"就足够了。

搭伙过日子的是生活，有情有义的才是婚姻。有些人根本没有意识到，"不好好说话"是扼杀你许多亲密关系的元凶。

从来不是什么退一步海阔天空，而是退一步，我还是离开你算了。

[4]

其实许多年里，我也是那种不太会好好说话的人。

我的不好好说话，很少恶语伤人，而是不说话。用我妈的话说，就是"冷暴力"。直到后来有一次，父亲的一番话，我彻底清醒了。

父亲是个60多岁的老头，他不会用微信，也不会打字。

我以前是有工作的，也就是你们所能想象不到的，每天晚上五点下班回家，又接着为自己的工作打工的那种，根本没有太多的时间与父亲交流。所以，父亲想学微信这事也一直拖着。

有一天，父亲来问我，如何下载微信。我正跟一个编辑谈新书题目谈得热火朝天，父亲背后一拍我，吓得我思路都得断了："老爸，你没看到我现在正跟编辑有事吗？好，好，好，你等一下可以吗？"

父亲忽然就坐在了我身边，一动不动。

"你坐在我身边干吗？我说了，会教你的。"

父亲还是没说话，坐在身边，看起了报纸。忙完了新书的题目，出去拿了杯水。"我这话没有什么你非得报恩的意思，就是，你想，你父亲我现在也确实不中用了，凡事都需要人教，可你说教我微信，你都拖了大半年了，到今天还没教我。"

"我也有事啊，是有事忘了。"

"你看你刚才最先的态度，多伤人啊。我是你的父亲，可你一等让我等了半年。"

人心敏感，也并非脆弱。于你最亲近的那个人，总是那么希望你能甜言蜜语地对他，至少也不至于让他孤独而心痛。

可是我们忽然就像是"不会好好说话"的俘虏，好像好好说话，一不小心就让自己弹尽粮绝。

[5]

还是"好好说话"吧，对你也没啥坏处，对别人也真的有好处。

这些年，一直在不停治愈许多暴脾气的自己和坏脾气的别人。

而我最想说的四个字，还是"好好说话"。

人生那么苦，又何必把"苦"互相传染。不如好好说话，一起来给予这个世界最身边的人，最美好的善意，和最温柔的守望。

"好好说话"，对陌生人也应如此。是，世界那么大，多一点"好好说话"又如何？

学会幽默
也是一种修行

幽默不是一种技巧，而是一种生活态度。

幽默能让一个男人有多大魅力？

看看黄渤就知道。

女神林志玲曾多次说，黄渤是她的理想型。很多人不可思议，像林志玲这样的白富美，为什么会喜欢黄渤？黄渤毕竟不高也不帅。

因为黄渤恰恰是个幽默到不需要看脸的男人！男人的幽默，就像是女人的好身材，对异性有一种天然的吸引力。

[1]

和具有幽默感的男人在一起，人生处处都是喜剧，生活充满情趣，时不时来个小幽默，幸福感满满。

昨天在公交车上遇见一对情侣，女生特别爱玩，当着全车人的面突然对男朋友说了一句："葵花点穴手！"当时所有人都在等那男生怎么反应，只见他僵在那里，特别尴尬地回道："媳妇儿，快别闹了，这么多人看着呢，快给我解开。"瞬间就被暖化，觉得那姑娘肯定特幸福。

想起有次下班，同事老公骑摩托车去地铁口接她，同事上车前问道："到某某花园多少钱？"她老公说："亲一下就免费带你去"。同事娇羞地亲了一下坐上车，看得周围拉客的摩托佬目瞪口呆。

倘若碰上一个没有幽默感的男人，估计只会劈头盖脸来一句："闹什么闹！"一个人的有趣变成了两个人的尴尬和郁闷，结局只会不欢而散。

［2］

人和人相处小矛盾、小摩擦、小尴尬在所难免，但具有幽默感的人，往往一句话就可将它们轻松化解。

再幸福的婚姻也有100次想离婚的念头和50次想掐死对方的冲动，而老公很有幽默感的体验就是：每次吵架不超过10分钟。

吃饭时，我们正闹矛盾，只见他拿起一个大鸡腿，讨好地放在我面前："喏，我把我的最爱给你。"我反问道："你的最爱不是我么？"他故作高深："我跟鸡腿说话呢，你说你插什么嘴。"听到这句话，当时就怒火全消。

那时我们异地，某天吵得很凶，我一直哭，他说给我买巧克力，吃甜食心情好。第二天早晨一个包裹扔到我桌子上："签个字吧！"正纳闷这次快递小哥也太迅速了，一抬头看见他摘掉帽子傻傻地朝我笑，据说后来我是扑上去的……

有次我们正吵得不可开交，他突然一歪，倒在沙发上，双手抱头做痛苦状："为什么，为什么，为什么我到现在还学不会和长得好看的人交流？"

有这样既有幽默感又有觉悟的老公，还没真的生气就已被他逗乐，哪儿还能吵得起来呢？

［3］

幽默不仅是最轻松的调剂，也是最高级的防御，有幽默感的人总能不留痕迹地优雅拒绝，有力反驳。

某天，幽默大师萧伯纳正在一条狭窄的路上行走，遇到一个对他不满的同行，那人想侮辱他，对他说："我从不给傻瓜让路的。"萧伯纳答道："而我正好相反"，说完便让开路来。轻松一句话就让侮辱他的人哑口无言。

然而，这种防御力若出现在我老爸身上真让人招架不住。

上学期突发奇想，想染一头橘红毛，跟我爸商量，谁知我爸来一句："丑不丑先放一边，你怎么逃课呢？"我顿时语塞，无力反驳。

刚刚给老爸发短消息，说到最近临近放假，手头有点吃紧，快点派发1000大洋来赈灾。过一会儿，支付宝提醒到账100还附加一条留言：你说你都是读大学的人了，100都不会写，还多加个0，以后要记得好好学习……

[4]

幽默不仅能让人破涕为笑，真正的幽默亦能让人笑中带泪。

萧伯纳说："幽默就像马车上的弹簧，没有它，一块小石子就让你很颠簸。"生活中不如意十有八九，但幽默的人却能笑看不如意，并将其拿来调侃一番。

有一次在商场，我妈说我爸那个同事有一件好几千的外套，劝我爸也买件贵的，我爸仰头说："好几千？呵，我脱光了都值好几万！"

他有两个心脏支架，真不知道有什么好得瑟的……

而幽默的最高境界是连死亡都可笑着面对：

十多年前，爷爷得了癌症，弥留之际他把我们全部叫到身边说了好多话，最后，爷爷呼吸急促，就死了。然而正在我们哭天抢地的时候，爷爷突然睁开眼，哈哈地对着我们乐："逗你们呢，我就看看谁没哭。"说完这句话。爷爷就走了，再也没有回来。

　　汶川地震，一个被掩埋者被俄罗斯救援队救出来时说："我被挖出来看到外国人还以为把我震到外国去了"。

　　林语堂曾说："豁达的人生观，率真无伪的态度，加上炉火纯青的技巧，再以轻松愉快的方式表达出来，这便是幽默。"

　　幽默不是一种技巧，而是一种生活态度。幽默的人能将生活的小郁闷和人生的大坎坷都拿来调侃一番，无论顺境逆境都能在其中发现生活的小情趣。

　　其实不用多风趣，不用多博学，只要真心热爱生活，乐观看待人生，不为小事斤斤计较，你的幽默也会自然流露。

　　学着做个幽默的人，因为你幽默的样子真的很美。

你的愤怒
可没人想看

我相信每个人的朋友圈里都会有那么几个愤世嫉俗的年轻人。

他们的特点就是爱抱怨，恶劣的环境，糟糕的空气，微薄的收入，节节攀高的物价，悬殊的贫富差距，不健全的社会制度，越来越物质的婚恋关系，似乎他们每天都过得很糟糕。

你看，在愤青们的吐槽里，世界是那么的不美好，糟糕的让人失去了一切奋斗的动力。

当然，我年轻的时候，也曾是庞大愤青队伍中的一员。我恨不得把生活中所有的不如意统统归结到社会的阴暗面上。

直到有一天，我在微博中看到一段话，年轻时最好不要过分关注社会的阴暗面，要不然内心会越来越分裂，会慢慢侵蚀掉积极向上的力量，滋生黑暗力量。

无论面临的社会情景多么糟糕，我们都有自己可以掌控的部分。社会变革可能需要上百年的时间，可我们的生命仅有一次，也没那么长。所以要在有限的时间，尽可能做我们能够掌控的事。

刹那间，我豁然开朗，慢慢地学会停止抱怨，多看一些社会中的真善美，并尝试着把这些简单美好的小幸福记录下来。

我之所以喜欢写一些真善美、积极向上的文章，是因为我发现网络里和现实里跟我吐槽的朋友，依然有很多愤世嫉俗的好青年。在他们彷徨，迷茫的时候，非常需要有人给予积极向上的正能量。

有一个异性朋友，家境贫寒，从小生长在农村。为了改变命运，十年寒窗苦读，好不容易考进大学，却发现毕业就是失业时。毕业大半年，才费劲巴拉找到一份销售的工作，月薪1500，去掉五险一金，还不到一千块钱。最艰难的时候，朋友一顿只吃一个馒头，饿极了就喝水充饥。

每次看到和他同时进公司"富二代"开车跑车上班，他就开始恶狠狠的抱怨，抱怨社会贫富差距那么悬殊，抱怨生活的不公，抱怨自己为什么没有生在一个有钱的家庭。就这样朋友抱怨了大半年，销售业绩依然为零，濒临被公司开除的危险。

担心被公司开除，温饱都难以解决的朋友又开始和我抱怨。为什么社会上贫富差距如此悬殊？为什么80后就这么倒霉？

我安慰他："其实古往今来，无论哪个时代都会存在贫富差距悬殊的问题。这是一个历史性的难题，并非我们抱怨几句就可以改变的。我们能做的就是努力做好自己应该做的事情。比如说，你现在应该努力保住这份工作。"

正所谓，家家有本难念的经，无论是穷人还是富人都有很多烦恼。穷人的烦恼通常只有一个，就是缺钱，而富人的烦恼，除钱之外，还有很多。有时候，我们所羡慕的光鲜亮丽下，往往也是一地鸡毛。

前段时间，有个90后的小伙子在我微信公共平台上留言：我觉得你文章里描述的爱情都太美好，不适合我们90后。90后的女孩都太过物质，爱慕虚荣，爱攀比，已经没有你所谓的那种单纯的好姑娘了。

我非常认真的回复他：我相信无论是80后还是90后都会有单纯美好的姑娘，她们不物质、不虚荣、不攀比，只是单纯地想和心爱的人从零开始享受一段美好的爱情，一起经历那些挨苦的欢笑与眼泪，一起奋斗完全属于自己的车子和房子。

其实一个女孩的品性受外在客观环境的影响远远小于原生家庭的影响。也就说，如果一个女孩她非常物质、爱慕虚荣、爱攀比、工于心计，那说明她的家风和家教出现了偏差。正所谓父母是子女道德品质第一责任人，也是孩子树立正确人生观、价值观和婚姻观的引路人。

无论是70后、80后还是90后，都会有一些三观不正的坏女孩，当然我相信更多的还是家风家教正统的好姑娘。所以，千万不能因为一些个例，而否定了所有的好姑娘，从而不相信美好的爱情。

偶然，和一个年轻宝妈谈起单独二胎政策放开，宝妈气呼呼地说："现在就算二胎政策全部放开，也没人敢生啊！

"国内社会福利待遇那么差，养个孩子多难啊！一个孩子从出生到上学，再到结婚买房，没个几百万下不来。

"要想全面推广二胎政策，国家必须完善社会福利制度。你看人家瑞典，社会福利那么好，简直就是从摇篮到坟墓的福利保护，孩子出生后，妈妈有9个月的产假，爸爸也同样领全薪在家看孩子。

"在瑞典，孩子上学、生病、失业、老人养老、全职妈妈在家带孩子都有保障金，有良好的福利待遇体系作保障，温饱问题无忧，生几个孩子也养得起啊！"

我静静地听着宝妈吐槽国内的福利保障多么不健全，又多么的向往瑞典良好的社会福利制度。

然后微笑着对她说："瑞典的社会福利虽然是世界上最好的，但自杀率也是世界上最高的。"

"为什么啊？"宝妈不解地问。

或许是，生于忧患死于安乐吧！《士兵突击》中，许三多常说："人不能活的太舒服，太舒服会容易出问题的。"

瑞士的高福利、低失业率的资本主义模式使人类可以享受的最好生活，是历史发展至此的最高阶段。这种模式不是所有国家都可以效仿的。不过，我相信随着国家的发展，国内的社会保障制度肯定会越来越完善。

然而社会变革可能需要上百年的时间，可我们的生命仅有一次，也没那么长。所以要在有限的时间，尽可能做我们能够掌控的事。

是的，作为国家的支柱力量，我们不能总是过分关注社会的阴暗面，然后不停地抱怨，吐槽。抱怨只会让我们变得越来越糟糕。因为有很多东西是历史发展的必然趋势，譬如，高房价。这些是我们常人无法左右的事情。

我们需要做的是，改变抱怨的态度，积极地去做当下应该做的事情，那么久而久之一定能突破困难，生活会发生质的改变。

到这里，或许我可以说出第一个朋友的结局。朋友停止抱怨后，积极努力地去工作，总结之前失败的经验教训，下班后利用业余时间充电。然后他的业绩突飞猛进，一跃成为公司的销售冠军。现如今朋友已经荣升为公司的销售部总监。

朋友经常说，改变是痛苦的，但却是成本最低，见效最快的投资。

是的！我们无法左右世界，但却可以改变自己。

当我们年轻的时候，好像每件事都像世界末日一样，令我们绝望，痛苦不堪。其实不是的，一切只是开端而已，我们还那么年轻，完全可以克服一切困难，勇敢直前。

哪怕就像如今的股市，即使人生崩盘也并不可怕，没有经历人生的连续跌停，又何足以谈人生呢？

若是美好，叫作精彩；若是糟糕，叫作经历。年轻人嘛！就应该活得洒脱一些，不能总是苦大仇深，愤世嫉俗。

热播剧《名侦探狄仁杰》中诸葛王朗经常说："人嘛！这开心是一天，不开心也是一天，为什么总是盯着那些不开心的事情呢？何不给自己一个大大的微笑？"

所以年轻人，请不要再愤世嫉俗了。多关注一些生活中简单美好细微的小幸福，少关注社会中的阴暗面，把我们的有限的生命用来做一些有意义的事情。毕竟世界是大家的，生命是自己。

[1]

几年前，公司一尾盘售楼处请了钟点工阿姨打扫卫生。阿姨每天见人都笑嘻嘻的，做事也挺利索，大家都感觉不错。

半年后，楼盘售罄，不再需要钟点工了。考虑到阿姨活干得不错，家境也一般，善良的案场经理特地跟公司打报告，申请多给阿姨发一个月的工资，公司核准了。

谁知，阿姨在被辞的第二天就杀到售楼处，找到案场经理，一反常态，气势汹汹要求马上支付补偿。

案场经理跟她反复解释说，已经申请下来了，财务结款有流程，请她放心回去静待几日，以前的钟点费用，也一直是这么结算的。

也不知道阿姨哪来的冲天怒气，铁青着脸在售楼处破口大骂，什么经理忽悠她，这家公司太黑心，欺负她这个可怜的钟点工……

相隔一日，阿姨前后反差让人目瞪口呆。哎，还是生气时，最能看出一个人最真实的样子。

员工觉得阿姨这次过分了，建议经理请保安把她轰出去。这次经理没再说什么，打开钱包，自行掏给阿姨一个月的工资，息事宁人了。

望着阿姨拿着钱离去的背影，不由让人想起一句成语：夏虫不可语冰。

无论男女，无论老幼，无论强弱，蛮不讲理总是不招人待见的。

［2］

想起另一件往事，A和B是同事，平日关系不错，经常一起吃饭。

某日，因为工作上的纠纷，一向温文尔雅的B跑到A的办公桌前，面目狰狞，一口一个粗话，开始用语言攻击A。

面对B的暴躁，A只是一句，"你真是很奇怪。"然后合上电脑，默默离开了工位。

B失去了发泄的目标，在众目睽睽之下讪讪地走开了。直到今天对A恨意难消，在许多场合，B都是A的"绯闻劣迹"的义务宣传员。

而A却始终没有和B较劲，只是此后和B保持着礼貌而安全的距离，一如既往地按自己的节奏做自己的事情。

A后来被猎头高薪推荐去了一家大公司，职位也提升了一大步。B还在原地踏步，没有晋升的迹象。

其实，工作中的争论是再正常不过的事，B把它弄成了低质量的公开盛怒和私下揭短，暴露了他平日深藏的本性，伤害的是他自己的品牌。而A通过这些，庆幸看出了B的人品，及时远离。

人要讲道理，不是你将嗓门提高几个分贝，一脸凶神恶煞的样子就能让别人服你；也不是你反唇相讥，怒揭对方历史就能掩盖掉你的过错。

越是猥琐无能之辈，越爱做道德的评判师，越爱用指责和爆料，来展示自己的"神勇"和"牛气"，隐藏自己的自私、懦弱和无能。其实，你不是牛气是傻气。

品行端正之人，从来不会利用他人的过失，来粉饰自己的行为，更不会对身边最亲近的人冷嘲热讽，满嘴伤人的话语。

牛气的人，大多不会去和傻气的人争论，他们更在意自己的时间、精力和机会成本。黄子佼说过："你花一秒钟去辩论，不如花一秒钟去充实自己。"

[3]

自媒体时代，你随手打开一个热点网页，很容易看到，来自天南地北网友的谩骂声络绎不绝。

在网络上就是会有这么一群人，平时工作和生活中完全是正常的样子，一到网络上就变得情绪特别充沛。

很多人内心住着两个自己，两个完全不同的人。感动的时候会感动的眼泪鼻涕一把抓，生气的时候恨不得把你祖宗十八代都骂一遍。而且奇怪的是，这两种模式他们可以无缝切换，不需要任何的过渡。

你很难说这是互联网的问题，还是人的问题，或许就是两个维度交集在一起后的产物。

想来想去，才发现，无非是网络社区的匿名性，使得他们在网络中的行为，不受社会公序良俗的制约，更不用为自己的言论负责。

开骂的成本太低，即便得罪人也不会受到什么损失，所以他的本性就彻底暴露了出来。

要是在现实中敢开骂，分分钟现实就会教你怎么做人。所以网络暴力出现的概率，要远远大于现实生活。

然而，你在网络上的言论，将是你一生难以抹杀的印记。人要有敬畏之心，人在做，天在看，要积口德，勿造口业。

[4]

有人说，如果你不太清楚一个人是否适合做你的朋友，那就跟他吵一架吧，看看他生气的时候是什么模样。

诚然，一个人盛怒或者自己利益受损时的反应，最能看出他的人品。人品是检验一段感情质量高低的标准，而发怒，是检验一个人人品的试金石。

然而要等到对方盛怒时才看清楚对方的人品，代价有点大了。还有一个方法，看一个人的底牌，要看他身边的好友。

物以类聚人以群分，朋友不一定会止于距离，但一定会止于差距。

心平气和的说话
也是一种教养

[1]

昨天跟老秦带孩子去汉阳陵看银杏，本来挺好的事儿，然而八小时内，至少有三次，我差点被老秦噎死。

首先是出发前，老秦买菜回来，我随口问他："外面冷吗？"因为不确定要给孩子穿多少衣服，结果老秦回答："我又不是你，怎么知道你会不会冷？"

我登时被噎得说不出话来，想了两秒钟才反驳："我当然是问你的感觉，我并没问你我冷不冷啊。"

"每个人对温度的感觉是不一样啊，夏天的时候我每次都热得不要不要的，你却说不热不让开空调啊。"大概看到我在翻白眼，老秦于是说："你要问我的感觉，我觉得不冷。"

啊！我有一点小抓狂，你觉得冷或者不冷，直接回答不就OK了吗，还扯出旧仇新恨来了，可丫的偏脑袋像被门挤了似的，非这么较着真回答，简直是挑衅。

到了汉阳陵，我又被他噎了一次，他带小朋友从厕所出来，我随口问："厕所干净吗？"

"我不知道，我没去女厕所。"

我倒吸一口冷气，准备翻白眼，但是，我忍了，在外边玩，我不想发火："那么，男厕所干净吗？"

老秦想了想却回答："我没注意，要不，我再帮你回去看看？"

这要是笑眯眯地说这种话，你会觉得他在逗你，可偏一副一本正经的欠捧模样。控制，控制，这男人是你自己选的！我这样安慰自己。

然而，也就十分钟后，我选的男人第三次给我以重创。

从南阙门出来，我们要去银杏林，不知道要怎么走，老秦说来的时候好像看到了个涵洞，应当从底下钻过去，我看到有人横穿马路，便说大家都这么走，随大流吧。

然而跟着大多数人上了马路，才发现那是高速，而且无法到达银杏林，想下去却来不及了，好在因为是景区内的路，人流很大，车不多而且车速很慢。

结果秦君说："这么多人，全都是作死，不出事儿才怪！"

他恶狠狠地强调了"作死"两个字。至此我已经接近崩溃的边缘。

是的，老秦说的都对，回答问题也非常严谨：他不知道我会不会冷，他也不知道女厕干不干净，贸然走上高速，的确是"作死"。

但是，每一句都让我听着极其不舒服，这些话就像鱼刺一样，让我如鲠在喉！

[2]

有时候是这样，越是亲近的人，说话越不经大脑，怎么"直"怎么来。

我们的客气、礼貌乃至教养，似乎只是表现给同事、朋友、领导甚至陌生人看的，真正的亲人之间，反而倒非常随意，动不动恶语伤人，完全不去深想这样说话会给听者造成多么大的伤害。

"嫁给你算是瞎了眼。"

"你给我听好了，我再管你的事儿，我就是有病。"

"你又在乱扔袜子，和你说过一百次了，没一次记住。"

这种话不陌生吧？你可能听过，甚至可能说过，有时候语气还很糟糕，夹杂着"没好气"和"我早就受够了"。

话说完，气也消了，但是这些却像刀子一样的话，造成的影响却不会消失。

最近出现了很多关于好好说话的文章，比方，谢可慧美女那篇《好好说话你会死吗》，以及前阵子的《恩爱夫妻就是好好说话》，我猜最近这些文章流行的原因，大概是因为大家都发现了不好好说话带给我们的伤害。

我百分百相信，我们每个人都烦别人对自己不好好说话，但是，又肯定和别人"不好好说话"过。

的确，很多时候，因为烦、因为气，我们说话总是恶声恶气，颐指气使，甚至反讽挖苦，总之，不一剑封喉不罢休。

我亲眼见我们楼下的小超市里，有个姑娘买的一包锅巴过期了，气势汹汹地前来理论："你们超市怎么出售过期产品，想吃死人啊，告诉你们，我朋友就在报社上班，小心曝光你们……"

结果售货的小姑娘也是个暴脾气："那你把你朋友叫来曝光啊！"两个人你一言我一语，眼看即将开撕，所幸店主及时出现了，问怎么回事，店里的小姑娘回答："这个人好奇怪，她来了不说要干吗，又是吃死人又是报社记者的，吓唬谁呢，她好好和我说，这东西过期了我一早就给她退了。"

也是，来退货的姑娘虽然是受害者，但气焰也实在嚣张得不像话，就算你有理，有理就不能好好说话了吗？为什么一定要把人踩在脚底下恨不得再唾上两口，何况人家也没抵赖，没说不退货啊？

这件事，也给了我点启发，那就是不肯好好说话的人，大概要么觉得自己有理，要么觉得自己委屈。因为自认为理亏的，一般不会如此高调。

[3]

很多时候，低声细语，彬彬有礼，反而会取得事半功倍的效果。有一次楼上几个小孩趁家里大人不在，又吵又闹，楼下的邻居非常气愤地去理论，结果他们吵得更凶了。楼上是一位退休教师，大概也被吵得不像话，只好亲自"出面"，他柔声细语地和那帮小孩儿说："我老伴睡眠不太好，你们轻点儿可以吗？谢谢啦。"几个叛逆的小孩儿竟安静下来了。

不是小朋友们吃软不吃硬，而是他们感受到了"尊重"的力量。有时候不听你说话，不是你不在理，而是因为，你不够尊重对方，一句话，你没好好说话。

开心的时候，好好说话并不难，难的是，在你心情不好，沮丧甚至绝望的时候，依然彬彬有礼好声好气地说话。其实，一个人最基本的教养，就表现在说话上边，尤其是情绪不佳时候的说话方式。

前阵子看了个纪录片叫《人间世》，里面一个24岁的年轻人，因为一顿海鲜发生感染，送去医院抢救，最后还是不治身亡。几个月后，主治医生收到家属发来的一条信息：现在孩子已经入土为安，我们也正从阴影中走出来，谢谢你们，一切都会好起来的。

这个医生几乎每天都要给病人做手术，有的人痊愈了，有的人永远离开了。他说经常收到痊愈的人发来的感谢信，没救治过来反而对他说感谢的情况极其罕见，他说这条信息，让他温暖了好久，他确定这一家人都是极有教养极有素质的人。因为这种时候，是伪装不出来的。

对人客客气气，是对别人最基本的尊重。人在情绪不好或者累了烦了的时候，怎么说话最见一个人的修养。而对家人的态度，比对外人的态度，更见一个人的本性。因为大家在家人面前，不太"装"，可是不装不意味着可以话里夹枪带棍。

俗话说"良言一句三冬暖，恶语伤人六月寒"，自己的家人，当然也不例外。一句伤人的话，你说过就忘了，被你伤害过的人，却可能要暗暗舔好久伤口方可痊愈。

因此，说话能用祈使句的时候，不用陈述句，能用陈述句的时候，不要用反问句。

温暖的提醒，永远胜过咄咄逼人的诘问。

我们不是演讲，也不是做脱口秀，而是在和人说话，说话的目的，不是为了让人印象深刻，而是有效沟通。

沟通，意味着两个人要处于对等位置，不高高在上，不颐指气使，而是心平气和地说话！

04

该说时说，
不该说时就沉默

别让你的不懂分寸
坏了沟通

[1]

她是远近闻名的热心肠，谁家有什么大事小情她都会主动去帮助。邻居家的老父亲去世了，她跑前跑后不说，还在一边跟着掉眼泪，不知道的还以为是她的父亲呢。

在单位她也是一样，主动承担工作任务，为人友善，经常从自己家里带好吃的给年轻同事，每逢新人报到，她都会带着新人熟悉单位环境，领着去各处介绍。

可就是这样的一个人，人缘却不太好，她所在的社区，很多人对她的热心肠都是反应冷淡，并不情愿接受。

单位的同事们，一开始都觉得她好热情好和蔼，新人们都很喜欢她，可是时间长了，感觉又变了，对她避之不及。

她没有坏心，真的一点坏心都没，她只是觉得世界大同，全人类都是一家亲，所以不必分彼此，有什么话都可以掏心窝子说，不需要藏着掖着的。她很自豪自己的这种性格，"我这个人，从来都不来阴的。"

邻居小两口结婚几年没孩子，她追着在后面送医生的名片，"这个大夫治疗不孕不育可好使了，去看看，保管你明年就能抱上大胖小子。"

对门老太太经常和她抱怨自己媳妇的一些琐事，某天她亲自上门，警告人家的儿媳妇要对婆婆好，"对老人不好，小心天打雷劈。"老太太当场就和她翻脸了，"有你什么事啊？"

有女同事的男朋友来单位找女朋友，女同事忙着，就让男朋友在一边等，她看见了，把人家盘问一番，跟查户口似的。女同事回来听到他们的对话，脸都绿了，"我们才恋爱几周，你问这么多干什么？"

单位会餐，有女孩子减肥，吃得少，她偏给人家夹菜，"多吃点，你看你一点都不胖。"第一次对方吃了，第二次、第三次吃不下了，让她别夹，她不听，继续。最后两个人差点没打起来。

到后来，单位谁家有什么事都得偷偷摸摸的进行，背地里用邮件或者QQ通知，最怕让她知道，因为让她一掺和指不定出什么幺蛾子呢。

发现大家对自己都躲着走，她很伤心，"你们为什么这么对待我啊，我还不是为你们好？"她不知道是她的"热情"让大家不胜其扰，只能宁可连她能带来的便利都不要了，只图落个清静。

女儿很无奈，"妈妈，热心不是你的错，你的错就是太热心了。"

[2]

老舍有篇散文，叫《一天》，记述了他某天写作时间被各种琐事挤占的现实。在这篇文笔诙谐幽默的文章中，他写到了好几个生活里的至亲好友，是怎样的令他无可奈何。

第一个是他的二姐。

正要动笔，二姐来了，求他给自己写封信。他痛快答应了，"当然我是不忙，二姐向来不讨人嫌，偶尔求我写几个字，还能驳回？"

结果二姐先开始讨论给去信者叫什么名字，"在讨论的进程中，二姐把她婆母的、婆母的外甥女的、干姥姥的、姑舅兄弟的性格与相互的关系略微说明了一下，刚说到干姥姥怎么在光绪二十八年掉了一个牙，老田说吃午饭得了。"

吃完饭，二姐又要去打个盹。他心里装着事，想等二姐打完盹再写，谁知道二姐一觉睡到三点半，"她很亲热的道歉，昨夜多打了四圈小牌。"信也不用写了，二姐一会串门就能看到那位侄女婿的哥哥，面谈就行。

第二个是他的仆人老田。

老田60多岁了，性格倔，认死理。巡警来调查户口，老舍说自己是正月初一生人，让老田转告给巡警。

老田一听，不服了，"他告诉巡警：他对我的生日颇有点怀疑，他记得是三月；不论如何也不能是正月初一。巡警起了疑，登时觉得有破获共产党机关的可能，非当面盘问我不可。我自然没被他们盘问短，我说正月与三月不过是阴阳历的差别，并且告诉他们我是属狗的。巡警一听到戌狗亥猪，当然把共产党忘了；又耽误了我一刻多钟。"

晚上陪朋友遛弯回来，一天没动上笔的老舍刚想抓紧时间写上几千字，谁知道打了个喷嚏，被老田发现了，"一定说我是着了凉，马上就去倒开水，叫我上床，好吃阿司匹林。老田的命令是不能违抗的，我要是一定不去睡，他登时就会去请医生。"结果这一天就这么结束了，什么都没写成。

第三个他的朋友牛先生和牛夫人。

晚饭后，老舍正要开始写作。牛先生带着牛夫人来了，"老牛的好处是天生来的没心没肺。他能不管你多么忙，也不管你的脸长到什么尺寸，他要是谈起来，便把时间观念完全忘掉。不过，今天是和新妇同来，我想他决不会坐那么大的工夫。"

他忽略了牛先生的夫人和牛先生既然能结婚，就一定是志同道合的，"牛夫人的好处，恰巧和老牛一样，是天生来的没心没肺。我在八点半的时候就看明白了：大概这二位是在我这里度蜜月。我的方法都使尽了：看我的稿纸，打个假造的哈欠，造谣言说要去看朋友，叫老田上钟弦，问他们什么时候安寝，顺手看看手表……老牛和牛夫人决定赛开了谁是更没心没肺。十点了，两位连半点要走的意思都没有。"

老舍的一天就是这么泡汤了，拜这几位所赐。

每次我看这篇文章都会笑出来，尤其是写牛先生和牛夫人这段，实在是太惟妙惟肖了。再好的朋友和亲人，不懂进退，打扰了人而不自知，或者强人所难，硬性兜售自己的好意，都会给别人带来麻烦。

[3]

生活中，我们可能都会遇到那种低情商的人，明明是好人，或者你们是好朋友，可是相处起来，他做的好多事都让你很难受，说不清楚地那么难受。

比如坐电梯，一下子的人，他上来了，发现了你，"哈，你也在呀？上次你喝醉了还是我把你扛回去的，改天请我吃饭，哈哈。"唰，所有人的眼睛都转过来看你，大家上下打量着你，似乎在想象你喝醉了是什么样的，羞得你恨不得找个地缝钻进去。

吃饭，他非得把自己喝过一口的汤给你，"喝一口，特别好喝。"你推辞，"不，不用了，我再要一碗。"他还挺慷慨，"何必呢，这碗给你喝了。"硬往你嘴边送，你心里叫苦："大哥，我不想喝别人喝过的东西，我有洁癖呀。"

每个人在社交关系中，都有自己的安全空间。这个安全空间就像电梯中人和人会主动保持间隔一样，是因人而异的。

羞涩的人可能需要与外界保持较大的距离，才会觉得安全，外向的人可能更愿意和别人多接近一些。而一旦有人侵入了这个安全距离，进入了我们的警戒区，我们就会觉得不舒服。

比如朋友之间不是不能互相揭短，但要分时间地点场合，私下里怎么闹都行，可熟悉的不熟悉的人都衣冠楚楚的挤了一电梯的时候，说这些话就太不得体了。同样，关系够铁，喝对方一口汤一口水都没关系，可是对方有洁癖，就不应该太过于你我不分了，否则，好心就变成了负担。

很多好人人缘不好，常常就是因为没有处理好人和人之间的分寸感，逾越了自己的本分，侵犯了别人的舒适区。

刚开始熟悉的朋友，不可上来就问人家结婚与否，有没有孩子，收入如何，私人话题需要熟到一定份上才可以谈。

第一次约会，就急不可耐的邀请人家女孩子到家里去，张口就叫老婆，那只能让人觉得这个人肤浅、轻薄、猴急，不会起到任何加分的效果。

分寸感是一种非常微妙的东西。生活中，那些被夸高情商的人，你仔细观察一下，其实都是能够巧妙掌握好分寸感的人。他们不一定多么热情，也不是刻意而为，可是他们知道如何说话和办事才能使别人感觉到舒服。他们总是能够了解别人的敏感点，并知道如何避免触及这些地方。他们没有指手画脚的坏毛病，尊重别人的选择。和这样的人在一起，有一种妥当的安全的被保护的感觉。

只有高情商，才能让好心、善意得到好结果，而情商低的人，总是在不合适的时间和不适合的地点，说了不合适的话，做了不合适的事情，破坏了分寸感，给人添堵。

可你又无法怪他们，因为他们也是好心，人不坏呀，于是到最后，你只能自己憋屈着，躲着走。

好好说话能让
你少走些弯路

[在生活中做个"演技派"是很重要的一件事]

猪头和鸡尾是大学同学、好基友、铁哥们，一同看片、一同恋爱、穷的时候吃一碗泡面，抽一根烟，富的时候……好像没怎么富过。哥俩有一个共同而伟大的梦想，那就是将来赚很多很多的钱。

很快，两个人毕了业，去了同一家公司，一年后，猪猪（以下为猪头的简称）升职做了部门主管，鸡鸡（貌似这个不能简称哎……）却成了万人嫌。原因很简单，猪猪会做人，鸡尾却满嘴的大实话。

比如，总经理和新晋女职员搞暧昧，猪猪看在眼里记在心里，平时抢着替该女员工做苦力活，午饭时还问上一句，要不要给你带点什么回来？

鸡尾则不屑于此，别人对该女员工升为部门主管送上祝福，他则一脸的不爽，靠不正当关系上位，有什么好神气的？

两个月后，总经理和该女员工东窗事发，经理太太上门大闹一通，事后总经理查找源头，办公室里13个人，11个写信指证是鸡尾说出去的。

还有两个人没写信，就是猪猪和鸡尾自己，不久后鸡尾就被辞退了，猪猪升任了部门主管。那天猪猪请鸡尾喝了酒，他说不好意思啊，哥们，让你背黑锅了。

鸡尾大咧咧地摆摆手，都是好哥们说啥呢，早就看不惯那个女的了，看她那嘚瑟劲儿，来，喝酒。

尽管鸡尾"打鸡血"般的干了一年，业绩全组第一，加班时长全公司第一，然并没用。

耿直与"傻"，不以偏概全，应用到现实生活里，看看我们自己，看看身边人和所处的环境，多少时候，我们也曾是这样的愤青，逞口舌之快，损人而不利己。

如昨天在群里听到一个新作者抱怨，说是现在网上都是些伪"鸡汤文"，自己想写点新玩意儿还没人看，感叹文学死了。还截图为证，指名道姓某某某就是个"文妓"。没人搭理他，但凡有点智商的人，都不会搭理他，哪怕，他说的是对的。

一个无法适应大环境和规则的人，本身就是低能的表现。

他评价的似乎也没错，大多作者就是在消费读者的同情心，猎奇心。以前大家炫富，晒豪车豪宅，博出位，现在大家现丑、卖穷。阅读量好的，很大一部分内容是，我穷怎么了，我丑怎么了？新晋网络红人某某某也这样在简介里介绍自己。

每个行业都有自己的文化潜规则，卖古董的叫碰瓷、打眼，如果你当场揭穿，一准挨揍，没人拉着。揭秘魔术的，都是些业余爱好者，真正的魔术师到死也不会把真相说出来的，那是职业道德。电视里的相亲节目，多数都是通告艺人在撑台，大家都当娱乐节目看，你非得较真，说什么疯子演傻子看，就你一个人聪明？艺人有新片，必有绯闻，譬如王珞丹和张嘉佳那段小插曲，人家明显是双赢，一个卖座一个卖书，大家知道是怎么回事，媒体也在卖力地宣传，而不是拆穿。难道这些就你一个人看出来了？

所以，别太认真，认真你就输了。

看得穿，不说破。每个人都是演员，都可能有几张面具，很多事就是这样，不可能丁是丁，卯是卯。

一个买不起车的人，抱怨油贵，你要当场拆穿，只能说你情商低。朋友圈里都是美女，你非得指出来人家用了美颜相机，你这又是为何呢？

这不是教唆说谎和圆滑世故，我是想说，"度"是成年人、成熟的人，该掌握的一个词。用合理的方式表达自己的想法，不激进，不极端。十年交一友，一句话可能就断送了一生的情谊。斟酌一下，总没坏处，如果实在说不好，装作糊涂一点，也是很好啊。

一个人活得太明白，太严肃，终究是不可爱的。

［ 睁一只眼闭一只眼，并非是对邪恶的纵容——猫头鹰如是说 ］

2015年有个女大学生骑自行车撞倒老太太的新闻，炒爆了网络。

是的，我用了"炒"这个词，事情一波三折，部分媒体的引导有绝对的责任。先是一边倒的支持女大学生，毕竟当场把老太太送去了医院，还留了钱，隔一天又有了新的目击证人，剧情又反转了。

我想说的不是这件事本身，媒体也好，个人也罢，打着追求真相的招牌，过度宣传和消费当事人。首先，我相信法律机构会做出公证的仲裁。其次，真相大白于天下又能如何，如果真的是为当事人（受害者）着想，这样的舆论，把她们推到一个风口浪尖上去，不是更大的伤害吗？

我去看过那个女大学生的微博，不乏素质低劣的人，说些龌龊而肮脏的话。

就算错真在她，她及她的家人也会有自己的弥补方式。面对这样大的压力，她可能也会说谎。要是我，我也可能为了保护自己而说谎。说谎被揭穿后，便千夫所指，心理承受能力好的也就罢了，能力差的，做出偏激的事，也是有可能的。

所以说，真相未必是对的。得饶人处且饶人，谁也不知道，下一个会不会轮到自己。

读初中时，一个女孩子偷了钱，被老师捉到了，全校通报。后来，女生退学了，据说家也搬了。

为什么就不能给女孩一次机会呢，为什么就不能私下里，好好地谈一下，以温和的方式处理呢，她才十三四岁，犯些错误是在所难免的。

这样的实话、真话，不说也罢。

别打着道德、善良的名义，为自己镀金身，禅佛渡人，而不是罚人。

[静坐常思己过，闲谈莫论人非]

少说多做，永远是对的。

小时候父母就告诉过我们，话到嘴边留半句，这不仅仅是处事之道，更是做人之道。三思而后语，不妄不谤，克己修心。

一个朋友，最近又升职了，一年三跳，我忍不住好奇，就去问了。她没说什么，只是给我看了一些照片，有同学的，同事的，满满三本相册。我很惊讶，几乎所有的照片里，都没有她。因为，她是那个拿相机拍照的人，不是她长得不好看，而是，她心甘情愿。

她的升职秘诀是不与上级争锋，不与同级争宠，不与下级争功。

这件事，给了我很大反思。是啊，做一个心甘情愿给别人拍照的人，是多么重要的美德。懂得奉献的人，才能收获更多。

后来又聊了一些混迹职场的技能，她笑了笑说："哪有什么技能，少说多做就是了，这是一个追求高能高效的时代，去咖啡厅，都要带着文案。"

但话还是要说的，怎么说，如何说，是一门艺术，现在流行"毒舌"，书店里琳琅满目这样的书籍，所以很多人就以为，"毒舌"、实话、尖酸刻薄成了流行趋势，别傻了，作家们是靠这个吃饭的。并且，现实生活中，他们讲话一定是很有度的。

你要真的去对身边人、朋友圈这样做了，我敢保证，你会死得很惨。

所以说，本文是一篇"说谎者悖论"式的文章，如果我承认自己说的是实话，那同时就说明我智商低。如果我不承认，那我就是自己把自己给日了。唉，做人真难。

总之，这个世界已经够吵了，安静下来，多给自己一点时间，品评一下自己的内心。说与不说，都是自由。

肯定别人，
是一种强大的能力

[1]

"难道只有我一个人觉得是作者太矫情了？"

"难道只有我一个人觉得完全不符合小哥形象吗？"

"难道只有我一个人觉得《老炮儿》三观不正？"

"只有我一个人觉得应该是那女的道歉？"

"只有我一个人觉得他活该？"

"只有我一个人觉得这小孩一点不可爱而且没教养吗？"

每当看到这些我都特别想回一句：就真是你一人儿这么觉得！

声明：我不排斥说难道只有我一个人系列短语的人，也不是一竿子打死网络自言自语者，针对的完全是那些为了否定而否定，网络世界特嚣张现实生活怂的要命的人。

有时候觉得朋友圈比微博友好和谐多了。

网上总有一群招人烦的人，尤其是长微博长文章下面，不管作者写什么内容都不能满足他们对世界的定义，因为对于这群习惯性否定人格的人来说，不管你写什么，跟你唱反调就对了，跟大家不一样就爽了。

随便翻开任何一篇微博，除了全是粉丝的清一色"好帅""好可爱""好棒"外，其他的热门评论你绝对可以找到反对的声音。比如去年跨年晚会王凯唱

《王妃》，一群人在下面"花痴"好帅，总有几个人蹦出来酸吧唧唧流地来句："难道只有我一个人觉得他很娘娘腔吗？"

不能好好说话么，觉得不好你可以不看啊。

盗墓笔记电影版定妆照一出，一群恶意粉丝在下面喷：难道只有我一个人觉得井柏然的造型太丑完全不像小哥吗？一千个人心中有一千个哈姆雷特，即使是原著的粉丝也不用这么有优越感吧？《盗墓笔记》上映时票房万一像《寻龙诀》一样好你不自打脸吗？当然，即便是《寻龙诀》这样的成功商业电影也一样有人在电影票房微博下面评：难道只有我一个人觉得《寻龙诀》不好看吗？后面还得跟个狗头表情。

还有，懂不懂什么叫文学加工艺术升华啊，我写的一定全部是我经历过的吗？我说我有一个朋友怎样怎样你还真相信他就是我身边人啊？可能是我听说的故事，可能是读者讲给我的故事啊！我发誓我不是咪蒙粉丝也不是什么托，只是单纯看不惯这帮习惯性否定的喷子。现在有人撕咪蒙了，那些当年喷过的人又集体高潮了，真是人红是非多。

网上有个可爱的小朋友的视频，小朋友满嘴东北话挺萌的，说的都是大人的话一看就是大人在旁边教的，下面一定有人说：难道这只有我一个人觉得这么教小孩说话不好吗？

三声叹息，也不是你孩子你管得还真宽，请问你的三观多正给我们看看啊。其实，这些习惯性否定的人通常没有明确的三观，与别人相反就是他们的三观和表达宗旨。

如果你是作者，你想讨好读者然后回复他们说，好好好我错了，下次按照你说的写。那么当初说黄晓明丑的，绝对会在下一篇你说黄晓明难看的文章后回复一句：只有我一个人觉得他真的挺帅吗？哎！说什么都不行啊。

为了喷而喷，习惯性否定是这些人的最典型特质，难道只有我一个人觉得系列点评只是这类人一个显著的特点而已。

各种地方发表和作者相反的言论，不只是为哗众取宠还是标新立异。总之大众喜欢的东西都是没品的都是没个性的，只有我的想法是与众不同的，只有这么说才会引起关注。或者说他们发自内心地不认同任何人的想法，也不会让自己去认同。

[2]

现实中你身边是不是也有这些习惯性否定，习惯性唱反调的人？无论你说什么对方都要先反驳你一下，仿佛压着对方说能给自己带来巨大快感。

你今天买了件裙子特别开心，对方非说好看是好看就是有点显胖，胖不胖我自己不知道需要你告诉吗？谁要听你这后半句话啊，以后说话请说一半吧！

你说自己成绩突出要升职，对方肯定"心怀好意"地跟你说：小心职场小人，别太嘚瑟，其实小人就是她，她没升职而你升职了，她闹心啊。

你遇到事儿了悲伤、愤怒地向朋友吐槽几句不好听的话，他非要在这时候跟你讲礼数、礼节，人生要淡定之类。好，你淡定，你淡定的人生不需要解释行吧。

你发现了首好听的歌，一本好看的书跟对方分享，习惯性否性的人要么说："这个我早看过了啊你怎么都没看过"，要不就说，"并没有觉得多好听多好看"。这时候真想一巴掌抽过去然后跟他绝交，你家人没教过你尊重别人吗？还是你内心的自卑不允许自己肯定别人，尊重别人？

好，我承认这些习惯性否定的人可能本意没那么坏的，也许只是生活疲惫和言论的自由，让他们释放出来了自己本质最根深蒂固的自我否定，和对这个世界的怀疑和负能量。当然，网络时代，躲在手机和电脑背后敲敲键盘就能指点别人多牛啊，科技社会救了这些人！

你不相信世界的美好，请别阻止别人去相信好吗？

肯定别人，是一种强大的能力。

不做"键盘侠"，不做喷子是现代社会对我们的一种挑战。

就像我知道肯定还有很多人会喷我这篇文章，我尊重言论自由，因为我也会经常在内心喷很多文。写这些只想把看不惯的东西说出来，言论自由既然给了这些习惯性否定的人，也应该给其他人。

至于这些习惯性否定的人背后的深刻人格形成过程，就留给知乎"大神"们去深刻探讨吧！

请管好
你的嘴巴

[1]

今天不谈情说爱，我们来聊一聊情商。

微博上有人说情商和教养有很多共同处，这个我不否认。

我有两个朋友，朋友杉杉，她是个情商低却伪情商高的人。

比如在聚餐冷场或尴尬时，她想开口缓解，可一开口你就知道，她是在为圆场子或者是应场子而生拉硬拽拼凑出来的话。

虽然这没错，但偶尔也明显到让人感觉出这句话是拿来应急的。

可能有人会说，那杉杉怎么称得上是情商高呢？确实，她称不上情商很高，除了分场合说话以外，她还管不住自己嘴巴，喜欢秀智商，秀情商。

她能在平时和别人的说话聊天里，一下就能猜出别人的企图或用心，不论好的坏的，然后故意说出来问对方自己猜得对不对。

有人曾经说过这么一句话，

情商和智商不对等，你不能把你不礼貌的小聪明，当作情商高。

这话很适合杉杉，因为她经常让对方从头到脚的犯尴尬症，虽然杉杉并无恶意且觉得自己很聪明。

除此以外，在讨厌一个人时，杉杉一边恨不得谁都知道，一边又努力地和对方像平常一样说话，这就导致被她讨厌的人会觉得她虚伪并且更加讨厌她。还不如光明正大地讨厌一个人。

实际上讨厌一个人，哪怕光明正大，倒也不失为一个正人君子。而真正的低情商者就是讨厌一个人时，恨不得全世界都知道，背后还会挖苦讽刺对方，而真真情商高者，是会认为这是自己的一种私人情绪。

一面保留着自己低情商的习惯，一面又想营造出一种我情商高，我很大方的样子来，然后只做做表面上的功夫，这就是伪高情商。

[2]

另一个朋友曹三白，是个真正自身素质高情商高的人，让人感受到这就是高素质，好家教。

她经常在安静地听完别人的发言后给出赞美，哪怕对方是她并不喜欢的人，哪怕对方只是小小的炫耀一下。

例如，有一个她不怎么喜欢的男生，就坐在她后面，经常上课或自习那个她讨厌的男生都会找她说话，甚至会一个尴尬的问题翻来覆去的问她。说实话，如果是我，早就劈头盖脸一顿骂了。而曹三白并不是，她不仅一直笑着听他说完，明明讨厌的人讨厌的事，最后她还会用一个玩笑来结束自己都烦恼和对方的纠缠。

有人说这叫装，可是如果我说：

一群人吃饭男生因为没有生活费故意说钱丢了，被戳穿时她会故作惊讶地说刚刚好捡了二十块钱，然后帮他解了尴尬；

社团讨论活动时她永远是先肯定别人后才会反驳；

在逛街时发现相恋五年的男友劈腿，她并没有当场冲上去，而是回去后向男生确定了才和平分手。分手后明明撕心裂肺般地难过，还是每天作息正常三餐按时，没有哭天抢地没有死缠烂打；

和我吵架时我连最难听的话都说出来了，她抹了把眼泪还是没有说出我的软肋。

那她还叫装吗？

有人和我说这不是情商高，而是素质高，家教好，细细看来，高素质和好家教都会促使一个人成长为柔软、善良的样子，所以说情商和素质与家教几乎对等。

而曹三白就是那种，微博上能搜到所谓高情商的十大表现，她能占八条。

如果你们依然认为这是装，如果可以，那我宁愿就做这么个爱装的人。

[3]

我曾经问过她："既然你讨厌一个人，为什么还要像朋友一样对待他？"

曹三白是这么回答的："我讨厌一个人是我的私人情绪，虽然我讨厌一个人时他在我眼里浑身都是错，但实际上他自身也许并没有做错什么，我不能因为我的私人情绪而牵连无辜的他。"

我想这应该才是家教好，情商高的人所能说出的话了。

"我讨厌一个人是我的私人情绪。"

而现实生活中，往往就有很多人，把私人情绪会带到工作或者交际中来。

我遇到一些人，他们讨厌一个人时，要么恨不得全世界都知道，要么表面上一派祥和而背后各种讽刺挖苦，什么尖酸刻薄的话都说得出来。这还不如那些光明正大说讨厌对方，而不会背后嚼舌根的人。

曹三白这种情商高的人，除了良好的家教，不会将私人情绪和其他混淆；不仅会做表面功夫，还会真真诚诚地将表面功夫做成实际功夫，让每个人都感觉舒心，哪怕不喜欢她的人，也很难指责不出她的缺点。

当然，曹三白也不是完美的，她也有闹情绪的时候。真正有误会或者很生气，她会主动联系对方，把话说明白，最后无论是不是她的错，她也都会道歉。

是我的错那就道歉让你生气了；不是我的错那就抱歉让你误会了。

[4]

最后再来说说，情商低还当作是个性率真的人。

我遇见过一个人，和杉杉一样，总能在相处时快而准地看出对方的意图或者用心。不同的是，她喜欢挑明了故意让对方难堪，或者戳破别人的用心，不论虚情或真心。

朋友跟她说，这样不顾及别人感受的是情商低的表现。可是她对此的辩解是，"既然有人心怀鬼胎我为什么还要给人家留脸面？这个世界恶心的人多着呢，你圆滑，你世故你就变得和这些人一样虚伪、恶心了。"

我不能说这段话说的大错特错，最起码有一点是对的，这个世界确实有很多人比较恶心。

可是你不顾别人的感受，让人难堪，哪怕那个人的别有用心和你没有关系，哪怕那个人是真情实意，你这么做，也比较恶心吧？

这就是自私，还别不承认，你是顾及了自己的感受，那别人的感受呢？

圆滑和世故并不是绝对的贬义词，圆滑不等于狡猾，世故不等于市侩。

我羡慕处事圆滑的人，我也愿意将世故看作一个人的内心阅历，我觉得，这两样在我心里都值得尊敬。

反而那些拿着口无遮拦当作率真，把刻薄、嘴巴不饶人当个性的人，才是最让人受不了比较恶心的人。我这么说可能有点重了，但是没办法，这样的人在我心里就是比较恶心。

所以说情商高不仅仅是要会克制自己的负面情绪，也要会说话，能接受批评，认识错误。

当然这个社会上情商高到能说出"我讨厌一个人是我的私人情绪"这句话的很少，我们不求做到这样，也希望能管好自己的嘴巴。

毕竟，聪明的人都有一张漂亮的嘴巴。

说话也要给别人一点儿方便

有句老话是这么讲的："与人方便，自己方便"。但可能很少有人深究过这句话的背后，可以有的许多具体做法。

据我自己近些年的思考与实践，感到在生活中最有用的一个"互相方便"的办法，就是帮对方节省时间。

这句话看起来很简单是吧？里面的技术细节可多啦，而且真心有用，不仅能帮对方节省时间，更能赢得对方的欣赏与好感。同时，你还能顺便给自己节省时间。

这种一举三得的事，究竟是怎么才能做到的呢？

["耽误你一分钟"真的只是一分钟吗？]

在等地铁的几分钟里，我懒得匆匆看几眼手机，更乐意默默在心里计算：等在哪个车厢门口，会让我在下车换乘时正好面对电梯，由此在换乘的人群里，获得微小的"优势"。这种计算让我乐此不疲，既锻炼了脑子，也节省了时间，算是生活中自己给自己找的小小乐趣。

我会因为偷得这一丁点儿时间而暗暗开心，可是很多时候，我却也因为懒得用心，成为别人时间的"小偷"。"不好意思，耽误你一分钟……"这句话听起来蛮有礼貌，"要求"也不高，一两分钟而已吗。可是常说这句话的我们，是否从未意识到，事情本身真的不是"耽误你一分钟"这么简单？

我有个表哥在天府软件园上班，做手机游戏。他曾经跟我聊起过自己一个同事所说的话，给他留下深刻印象。比如一起做方案的时候，我表哥常常会问他："这个功能我们先实现简单的，然后后面再优化，你觉得怎么样？这样如果总精力成本是2，我们可以先付出1，然后剩下的1有空再做嘛。"

这位同事回答说："那你可要考虑到，过阵子捡起来再接着做，我重新回到那个工作状态，也是需要时间的。"

之前我还看到过一个帖子，也提到一个"两分钟原则"，就是说如果在两分钟里能处理完的事情，就不要放到以后。因为你下次从别的事情上"切换"回来，起码要花五分钟。

［能一次把话说完，就不要等别人再问］

再给你讲个我曾经的顶头上司的故事。这位名叫Amber的金领美女，供职于某跨国公司的营销部门。我在她手下干过差不多一年时间，收获颇多。在这家公司工作期间，最令我受益的就是营销部门的"easynextstep(轻松的下一步)"法则，在各种行业各个部门都超级实用。

说到Amber，她是从属于公司上下到客户都喜爱的人物，性格活泼、做事专业，让人简直没有不喜欢她的理由。

有一次我留意到，她给客户催下单的邮件都与别人不同。作为一个新人，我能做到最贴心的程度就是把产品表格整理好发过去，礼貌提醒客户该下单了。

Amber则会根据过往记录，估算出某件商品似乎已经断货，在表格里标红。一般人只会发商品名称和条码，而她会指导我查出商品在客户内部系统的对应6位数编号，放在第一列，这样一来，客户只需要在系统输入对应编号就可以下单。

当我准备将表格发出的时候，Amber还会让我再截屏一份放到邮件正文，这样客户打开邮件就可以看到内容，看到标红断货的商品有哪些可以更快地处理。

客户简直只需要在心里默默点赞，然后点几下鼠标，需要做的工作就搞定了。这种做法自然而然会得到对方的感激和尊重，偶尔遇到难搞的情况，客户也不会介意，沟通起来顺畅愉快。

Amber如今已是公司董事。这应该是我亲眼看到过的投资时间最值的案例了。

[用心对待你身边每个与你合作的人]

离开Amber手下，从上海回到成都后，我也渐渐养成了"给别人省时间"的习惯。在快餐店排队等着点餐时，我会尽快想好自己要点的餐和饮料，排到我的一刻马上开口。

出差或旅游去赶飞机，走到安检口，我一定预先把证件机票都拿在手里，如果是护照，就打开到有签证的那页，让繁忙的工作人员不必接过去再翻。

包括坐出租车的时候，如果我的目的地在街对面，并且有人行横道和天桥，我都会让师傅靠边停，下车然后自己过街。

商报大周末约我写稿的编辑，也很会为我节省时间。我平时也帮其他报刊写过稿，甚至去采访。比较多的情况，是约稿编辑提出要求，大致给我讲一下，就报上字数和截稿时间。

但是包括大周末编辑在内的少数几位，她们会给我发来详细的提纲，如第一部分写什么，比例如何；第二部分写什么，是否重点着墨；第三部分写什么，最好如何写……一目了然，清清楚楚。

对于我不太熟悉的题材，编辑还会搜很多资料提供给我，甚至有一次还发来一篇之前见过报的"范文"，让我参考她们想要的文笔、风格。

这样写出来的稿子，几乎没有被打回来大改的，基本都能一次过关。作者写起来轻松愉快，编辑虽然前期费了一点事，但能收到满意的稿子，其实节省了沟通成本，更大大降低了返工的可能性。

[还有这些贴心的做法让你"发光"]

1. 电话打不通时，挂了电话给对方发条短信，概述一下你找他的缘由。这样对方就能第一时间明白是什么事情，避免了对方稍后回电话时万一你又不方便接听，搞得彼此都着急的情况。

2. 避免在qq等即时通信工具上发"在吗"和"？"这样的东西。有事直接说事。

3. 重要的邮件发出之后，给对方发个短信，表示邮件已发；同样，重要的邮件收到后也应发个短信，表示邮件已收到。

4. 接到已存储的号码的来电，如果是不常联系的人，第一句应该说"某某某您好"，表明自己记得对方的身份等，避免对方又来一遍自我介绍。

5. 不迟到。预计不得已要迟到的时候，尽早告诉对方，告知大概要晚多久。

6. 电话接通后，先说要拜托的事情，再说理由。比如，"你手机里有某人的电话号码吗？我有事要和他联系，但是手机上没找到他的号，拜托告诉我，谢谢。"

7. 如果要向谁咨询一件事，先想想自己能不能查到，是不是必须问对方才能搞清楚。确定要问之后，想想要问哪些问题，一二三列出来。如果不是书面而是口头询问，先告知对方大概要问几件事情，具体问的时候，问题要清晰明了。

8. 在较窄的通道行走时，永远不要与你同行的人并排走，身后可能会有着急赶路却被你们挡住无法"超车"的人。

9. 微信语音，在传递讯息时，能不用就不用。对方可以几秒钟看完你需要在语音里说一分钟的事。

别拿"毒舌"
当幽默

前天我一个同事去拍婚纱照，昨天选片后顺便拷贝了一份电子版回来。

她一进办公室，大家就把她围起来，吵着要看。

因为没做任何后期处理，一开始她怎么都不肯。

我们按捺不住好奇，磨了她好久，她拗不过，总算愿意打开给我们看。

胖子看了几张，说："你怎么拍得这么富态啊，第一次发现，你的脸长得真像老了之后的斯琴高娃啊。"

说完他就哈哈大笑起来。

众人大窘。

胖子一贯"毒舌"，他一开口，我们就知道大事不好。

果然准新娘一听完，就站起来把显示器关掉，拿起键盘啪的一声摔在桌上说："不看啦，不看啦，都上班去。"

胖子抓抓头，摆出一副无辜的样子。

他跟我说："我只是想搞一下气氛而已，她怎么说给脸就给脸呢？"

我心想，调节什么气氛呀！

新娘只是你的一个普通同事，连朋友都算不上。

人家又何时拿你胖子的身材嘲弄过？你却当着全公司人面前说人家富态、说人家像什么老了之后的斯琴高娃。

你的"毒舌"不是幽默，是没教养。

当然我没有把这句话告诉他。

他也依然沉浸在自己的幽默中扬扬自得，自然也是听不进去的。

记得初中一位班主任，二十来岁，瘦瘦的，戴一个无框眼镜，为人尖酸刻薄。对我们说的每一句话，都只冲着一个目的：全方位地刺激你，以期激发你的斗志，把学习提高。

那时候我班有个女生，刚开始成绩还不错，后来一直往下掉，与此同时体重还噌噌地往上涨，有一阵子看她总是愁眉不展。

有一次她把一个很简单的题都回答错了，引来了班主任的嘲笑："我一个先进教师，硬是被你逼成了一个饲养员。"

他一说完，全班顿时哄堂大笑。有的人笑得差点从椅子上跌下来。

而那个女生把头深深埋进课本，脸红到耳根，一直到放学我们都离开了她还是趴在桌子上。

班主任这句犀利的讽刺被同学们传诵了大半年，毕竟"毒舌"也是要有水平的，越犀利的话语伤害越深。

大半年后这个女生就跳楼了，虽然被及时救了过来，但她再也没有回我们学校。

这件事让我印象深刻，并让我体会到：你永远不知道一句话对别人的毒性有多大。

我有一个朋友A，也是这种风格。你永远无法从他嘴里听到一句赞扬别人的话，无论男女，他张口必损人。

他嘴下的男的，没有一个不丑，没有一个不是失败者。

看到的女生，不是胖，就是黑，要么人品有问题。当面就来，劈头盖脸，毫不嘴下留情。

我也不知道自己是怎么和这种人做上朋友的。有一次另外一个朋友B带新交上的女朋友来一起吃饭。饭桌上A就调侃起来了，说："B长这么丑，以后孩子像他可就惨了，至少要像我这样，英俊帅气。"

我的天啊，这种话他也敢讲。我都来不及劝阻，A总是这样一再突破底线。我了解B，他可不是省油的灯，当即就拿起了手上的瓷碗，向A的头上砸去。然后他两个就扭打起来，我拉都拉不开。

有一次我问A，"为什么你嘴巴总是要这么损人"？

他说："因为这样有趣啊，你不觉得我很幽默吗？你不觉得大家说话都礼礼貌貌的一点意思也没有吗。又不是见家长，要客套干吗。"

我说不一定要客套啊，起码要给人基本的颜面。

A笑了说："那是不熟的朋友吧，真哥们真姐妹要那些虚的干吗，人要有真性情，如果几句调侃都接受不了，那也不算什么真朋友，这样的朋友得罪了也就得罪了，反正我是无所谓。"

于是A继续在"喷人"的道路上越走越远。他始终坚持自己的信念，上黑天，下黑地，中间还要黑空气。他觉得他简直是生活圈里的吴宗宪，幽默得不行。

真正的幽默和"毒舌"，绝不会在正式场合拿别人的天生缺陷随意开玩笑，然后还自以为是幽默风趣。

我以前有个女朋友，风格就像迷你版的A。

她平常总嘲笑我，说我走路像熊，吃东西像脱粒机，喝水像牛，皮肤像浮雕等等，尤其是穿衣，怎么搭配怎么不对，让她来选，她就来一句朽木不可雕也。有一天我心情不好，被她这么一刺激，终于忍无可忍了，问他说话就不能客观点吗，两个人之间非得搞得这么冲吗，哪像情侣之间啊。没想到她一下子惊到了：你不觉得这样挺有意思吗？难道要像作政府报告那样对话吗？那样多没意思啊，多没有情趣，唉！你也是太无趣了。后来我们分手了，我不知道我这种无趣占了分手原因中多大的比例。

后来我遇到了A，就感觉他是上天派给我的"毒舌培养师"，把我这样一个彬彬有礼的少年硬生生带进了暗黑的泥沼。似乎只要他一进入我的方圆一百米以内，我的毒舌基因就瞬间被激活了，眼睛里像燃烧着熊熊烈火，成为一个好战分子，逮着一个生物就想一个劲地喷，直到喷到爽。

年后我们组织了一个的聚会，一个朋友带了一个女性朋友过来。

那个女性朋友皮肤有些黑，A看到了就笑着对那个朋友说："哥们，你带了个非洲的国际友人过来，怎么也不介绍一下。"

朋友听了后一脸惊讶。当时我的毒舌基因也似乎砰地一下被激活了，发现那个女的两边的两个男的刚好比较白以后，就指着他们仨接了一句说："你眼睛瞎啦吗，这里哪有什么非洲国际友人，明明是一匹斑马好不！"

那女的听完，腾地一下站了起来，拎着包就走了出去，那个朋友也跟着追了出去。气氛一下子僵掉了。大家面面相觑，没有人说一句话，菜还没上完，就有两个说吃饱了要走。

后来我们才知道那女生刚好那天失恋了，那个朋友就把她带过来放松一下身心。却没想到碰到了我和A这两个毒舌。

我突然想起了初中时的那个班主任，我竟然和他有了同样一副嘴脸，我变得和他一样令人讨厌。

每一个毒舌者，都有当上"灭嗨王"的时刻。

他们稍微尺度没有把握好，就可以用一句话，毁掉一场聚会，破坏一群人的心情，甚至毁掉一个人的一生。

自以为幽默风趣的自我陶醉者，永远不知道自己伤害过多少人。

他们喜欢拆别人的台，喜欢展示自己一针就能插入别人死穴的犀利，喜欢看别人在他的阴损面前露出窘迫的神情，从而显示自己的优越，或者达到某种宣泄。他们喜欢毒舌更多时候是因为自身的偏见，把毒舌当成了有趣，把嘲弄当成了幽默。

要知道真正的幽默是需要大智慧的，绝不是他们所理解的那种人身攻击式的彼此刺伤。

真正幽默的人也会毒舌，不过他更多的是用毒舌来自嘲。而不是把它当成武器，见人就往别人的不足和缺陷上戳一下，戳完后还问别人，你开不开心呀？我很有趣吧？

这绝不是幽默，是有病、没教养。

所以，在你还没有彻底了解一个人之前，永远不要轻易用这样的刀刃去试探别人。

所以，如果你不能拿捏好毒舌与玩笑的分寸，就别自以为是地自我陶醉了吧。

任何人都没有承受你的"犀利"的义务，你觉得只是开一个简单的玩笑而已，可没准就是压倒骆驼的最后一根稻草，把别人推向毁灭的一掌。

说对话
才能办对事

某日，朋友单位里一个大龄"恨嫁"的女同事旅游归来，带着一堆馅饼作为手信分给办公室的众人。大家纷纷说谢谢，问她玩得是否愉快。这时候，某个"不长心"的姑娘走了进来，看到恨嫁女在分饼，张口就问恨嫁女："哟，发喜饼呢？"

办公室里的一众同事尴尬得不行，谁都不知道该怎么接口。只好默默地笑笑，然后低头开始工作。恨嫁女把饼盒往桌子上一放，说了一句："哪来的喜哟。"然后就回到了自己的位置上，脸色很是不好看。

另一次，办公室聚餐吃烤鱼。恨嫁女的身材比较高大，不太爱吃鱼，所以吃了没多少就不吃了。被那个不长心的看到了，忙对恨嫁女说："哎呀！某某某，你码子那么大怎么只吃那么一点啊？来多吃点多吃点。"恨嫁女说自己吃饱了，不长心的那个一脸惊讶，又重复了一遍："你码子那么大吃这点就饱了啊？没想到你胃口那么小哦！"，眼看这顿饭眼看要吃下不去了，领导忙出来打圆场岔开了话题，才气氛古怪地结束了这场聚餐。

还有一次，还是这两个人。恨嫁女正在和某个刚休完产假回来的新妈妈聊天，称赞她家宝宝长得可爱又精神。"我也好喜欢小孩子的，以后一定要生两个。"恨嫁女同事说。这时候不长心的那位又毫不留情得神补了一刀："那你什么时候结婚啊？"，恨嫁女脸色一阴，径直得走回了自己的办公室。

从此，这梁子算是结下了。要说有什么矛盾，恨嫁女和不长心的根本不是一个部门的，平时也没有接触，不长心的那个纯属嘴碎，得罪的也远不止是恨嫁女一个。偏偏她还觉得没什么，逮着个人就能叽叽歪歪开一堆炮，也算是个性使然。

某同学家里老人生病去世，发了条朋友圈诉说心里苦闷。大家都纷纷给他发一些节哀，老人一路走好之类的。突然冒出个汉子的回复："生老病死，自然规律。"，某同学就回了那汉子两个字："呵呵"。

别人正难过着呢，你跑过去说个自然规律。这话不是说道理不对，而是时机不对。冷冰冰，高高在上，一副洞悉事态的样子，是个人看着都觉得不舒服。难道就你懂规律？就你懂自然？这不是招怨吗？倒也不是那个汉子有什么坏心眼，但是不懂说话，就是在别人伤口上撒盐，还不如一句都不说。

有个姑娘在微信上跟我吐槽说，她自己的好朋友跟她掰了，她百思不得其解。后来她给我看那个好友给她发的微信聊天记录。好友说她太不会顾及别人的感受，总是乱说话。好友有一句话挺有意思："你从小到大人缘都那么差，真的都是别人的问题吗？"

姑娘觉得很委屈，我从小就是这直肠子啊，我觉得没什么不好啊，想什么说什么不是坦诚的表现吗？难道非得要藏着掖着？我这好朋友也太容易受伤吧！

我听着也觉得无奈，姑娘的心可是够大的。估计父母从小也太当宝贝着，所以没告诉她不是每个人都可以忍受她所谓的直白。说话直这件事，真的没什么可以拿出来骄傲的。

经常在网上看到有一类人标榜自己的优点是"说话直"，觉得自己直来直去是个优点，反而觉得其他人都是有心机，被她们的话刺到的都是"玻璃心"。其实只不过是不会做人又懒得去好好学做人。在责怪别人都对你挑三拣四之前，不如先想想自己是否真的谨言慎行了。

她们总是说活着并不是为了讨好任何人，但是人活着，也并不是为了伤害别人的。

我们生活中很多得罪人的话，其实和忠言逆耳完全没有关系，完全是说话者嘴炮的产物。当你的想法和对方的想法是相违背的时候，你也要试着用对方可以接受的方式去把你的观念说出来。或者，对方行为有亏，即便是诤言，也应该学着用合理的说话方式，让对方更好地吸取你的意见。直白的指责，甚至带有侮辱性质的嘲讽，只会令对方越发得抗拒。

说话说得好，讲究时机，方式。哪怕你要表达的是同一个意思，面对不同的人说话的方式也不同。都说会不会说话是取决于情商高低，但实际上都是说话者有没有一颗愿意去体谅别人情绪的心，在开口之前肯不肯设身处地得考虑下对方的感受。

老话总是说：说话多容易，嘴一张就成。说话又多难，一句话让人笑，一句话又能让人跳。

与人善言，暖若锦帛；与人恶言，深于矛戟。

好好说话，就是你最大的优势

[1]

　　一次活动上，他坐在我旁边，是一个文创企业的老板，设计师出身，带了一个年轻女员工。准备吃饭的时候，大家交流创业心得，女孩开始低头玩手机。"你就不能不玩手机吗？"他忽然说，声音大到我们都听到。"怎么了，饭不还没来嘛？"女孩脸一红，显然面子挂不住。"要再玩手机你就出去！"他更生气了。

　　大家纷纷劝解，心想这都什么事儿啊。

　　后来女孩跟我一起去洗手间，说她拿了年终奖就辞职。"不伺候他了，烂人！"

　　她的老板是不是烂人？我看未必。与工作伙伴、客户一起吃饭，低头玩手机显然很不专业。然而，因为老板采用了不恰当的说话方式，不仅导致自己失去了一个员工，更使这位员工，因为反感老板的情绪失误，而失去了反思自己的机会。

　　如果当时，他可以发条微信告诉女孩，这样的场合，认真倾听大家谈话，可以学到很多知识，女孩是不是更乐意放下手机？如果事后，他能给女孩讲讲职场社交规则，告诉她什么情况下，不应该低头玩手机，女孩恐怕不仅不会觉得他是个烂人，甚至在很多年后，还会想起有一个大哥哥一般温暖的上司，教会自己很多人生道理。

上司，是我们踏入职场后，最重要的良师益友。身为上司，你要永远记得自己的责任，不仅仅是完成任务，给上面交代，更重要的是在下属面前的形象与修为，因为下层不仅仅是跟你一起干活的人，更是与你一起成长的兄弟姐妹。

我对一个好上司的判断，首先看他说的话，会不会让自己失去威信与优势。

一个人会说话，体现了他的高情商、智慧、历练，你跟这样的人在一起，才不会经常因为情绪反弹而做出错误的判断。他会说话，他说的话你才能听进去，你在他手下做事，才能更快地学到东西。

［2］

想想那些特别讨厌的人，你会发现，首先是他们说话的方式特别让人讨厌，而不一定真做了什么坏事儿。

很多时候，占了理的人，因为说话的方式别人接受不了，而成了过错方。这种情况，在婚姻里也很常见。结婚纪念日，丈夫忘了买花，太太开口第一句话是，"嫁给你这种男人真倒霉，总是不给我买礼物。"

丈夫的内疚，瞬间化为愤怒："娶你才倒霉呢，嘴巴像刀子，忘性又大，上个月才给你买了包。"

做错了事，却完全不知道自己错了，这种情况其实很少。当失误发生时，我们会变得敏感、自卑，一边埋怨自己怎么这么笨，一边出于本能，希望抓住对方的失误，扳回一局或者挽回一点面子。

占据优势，却不会说话的人，正好给了失误方这个机会：瞧你什么态度？就冲你这态度，我这样对你也没错。

真正能让别人心服口服地承认自己错了，不是看你跳得多高、说得多难听，而是心平气和地找原因、说结论，不要把事情引入指责的怪圈。

任何关系，一旦进入互相指责的怪圈，大家就会放弃成长，只争输赢。

我在职场看到过太多这样的团队。老板经常指责下属，说话完全不讲究，下属就开始挑老板的刺，什么嘴臭、腹黑、油头、长相猥琐、三观不正"直男癌"都来了，没有一项是就工作论工作。

当你发现自己陷入这样的职场环境，离职恐怕是最正确的选择，因为这样的老板不会让你成长，只会让你逐渐失掉对工作的热爱。

为什么有人总是以不当的说话方式让自己处于劣势？除了少部分人是因为修养不够，更多的情况是他们忽略了人与人之间的心理距离。

夫妻之间、父母之间，觉得怎么说话无所谓，反正是一家人；而那些喜欢以大家长自居的上司，也特别容易一开口就伤人。

[3]

距离感是人与人之间最宝贵的存在，成年人最重要的美德是边界意识。这个世界上，除自己之外的都是外人，应该遵循社交三原则：彼此尊重、理智对话、就事论事。

那么，怎样说话能够让你清晰地表达自己的观点，让对方意识到他的错误，以后避免同样的失误？

首先，当我们指出一个人的错误，绝不是为了让他无地自容，而是为了他有所改进。那些因为意外而造成的小失误，一笑而过，对方会感念你的大度。

其次，问句，尤其反问句，很容易造成居高临下的姿态。"你怎么能犯这种错误？"与"我们来分析一下这次失误是怎么造成的。"前者会让对方立刻竖起防备，后者才会让他们启动反思模式。

再次：不要算老账，说"你总是这样"或者"你上次也是这样"。算老账容易让对方产生挫败感，即他在你心中的形象已经定型，再怎么努力都没用。

当对方失误，你占据优势，根本不必再去证明自己有多正确。总是做这种证明题的人，最后没变成神，反倒成了瘟神，大家避之不及。

指出他人失误，只有一个善意的出发点：就是增进团队成员的了解与和谐。应该把智慧放在探讨怎样可以做得更好，而不是把对方说成小丑。

你不是神，也会犯错，也反感他人的指责。

请记住，当我们身边出现了他人，是为了彼此取暖，过得更好，而不是显得你比他高明，无论你们的关系，是朋友、上下级还是伴侣。

让你的话也如
花朵一样美

某姑娘最近很堵心。原因是她从多年的闺蜜那里借了一笔钱，过了还款日子，想着闺蜜也不缺钱，就没还。过几天闺蜜来找她，很客气地说你能不能还给我，我想买新手机。她连忙凑钱还了，可过了一段时间，她发现闺蜜根本就没买新手机，她才恍然大悟，想明白对方说买手机只是托词，根本目的是为了催她还钱。她不开心，觉得这么多年的朋友了为何不能实话实说。

实话实说，的确是个好习惯。但在人际交往的弹性空间中，啥事都实话实说，也挺叫人接受不了的。不信，如果闺蜜直接说："到期了，还钱。"并且以"我拿回来也没什么用处，就是不想让你欠着"为理由，估计这姑娘更堵心。

如果事情本身已经不能叫人满意，那么把理由说得尽可能合情合理，充满人情，会令人好接受一点，这是做人的技巧之一。

比如有关系很一般的朋友找你吃饭，你不想去，你就不可能直接说为什么要去，我和你又不熟。你往往会推说自己没时间，或者出差了等理由，至于说对方会如何理解你的解释，那是他的事情。能往字面上理解，是最好了，谁都不会受伤。如果人家够聪明，能从现象看到本质，看穿了你的潜台词，那也没什么不好。

对成年人来说，怕的不是拒绝，而是不能给个下台的台阶，只要当面让人家过得去，背后他自己就能找到下台的地方。

最近有位网友问我，说自己相亲遇到了很谈得来的对象，见过两次面后那个男人的态度莫名其妙的就冷淡下来了，主动找他聊天，都是很敷衍地回答，她也只好撤了。但是她很郁闷，想问问他到底是什么原因，不说总觉得死不瞑目的感觉。

我理解她的感觉，动了心，又被人搁原地晾上，滋味的确不好受。但说到问，怎么问？网上不是有这样一个段子：男朋友家里怎么也不同意我们在一起，说我的学历低配不上研究生学历的他，我红肿着眼睛问："学历真的那么重要么……"男朋友叹了口气，目光暗下来："总不能直接说嫌你又胖、又懒又丑、又笨吧。"如果他是一个有修养的男人，那势必要说假话，说一个冠冕堂皇伤害最小的理由，不可能直接说她不够可爱，不够美，不够有吸引力，但得到这样的假话有意思吗？如果他不是，说了实话，又会伤到她，徒增烦恼而已。

《生活大爆炸》里的"谢耳朵"以其呆萌的气质，惹来各国粉丝的追捧，扮演这个角色也让美国演员吉姆·帕森斯获得了四次艾美奖喜剧类最佳男主角奖和第68届金球奖喜剧类最佳男演员奖。其实"谢耳朵"同学也就是活在电影电视剧中，大家才觉得他可爱，生活中能有人愿意忍受这样的人吗？他的极端自我、幼稚、固执，戏剧性的夸张，也是很多人身上所具有的缺点的放大。即使在人际交往最单纯的科学界，像"谢耳朵"这种人也是异类，更别说在生活中了，用现在流行的一句话来说是："不打死你都算真爱了。"

著名电影导演、藏传佛教导师，宗萨仁波切说："大多时候标榜自己说话直的人，只是不愿花心思考虑对方的感受而已。"所谓不会说话，有两种人，一种是真不会说，情商低，不知道那句话别人喜欢，那句话招别人讨厌。这种人永远走直线，不会拐弯，活在自己的主观想法中，每句话说出去，就像投出一个手榴弹，到底有多大杀伤力，他自己不知道，也无从想象。而另外一种人，是故意的，专挑难听的说，把恶毒当成是毒舌，把刻薄当成是幽默，把不厚道当成是真性情。这种人还有一个特点，他们只许自己对别人想啥说啥，却不能忍受别人的一点无心之失。

尤其是网络的快速发展和强大，为很多人提供了发言的平台。原来一个人想要表达自己的意见太难了，机会太少，话语权把握在少数媒体和专家的手里。现在就简单多了，博客、微博、微信、贴吧、论坛、网站，只要动动手指头，注册一个ID，都可以随便对任何事情发表见解。这种言论解放本身是一种好事，但过度的随意性也带来了语言暴力的泛滥，有些人只要稍微看到与自己不和的言论，马上就要骂将起来。

作家绿妖和读者探讨了一下关于对微博"打赏"这个概念词的不同意见，结果遭遇有位网友的辱骂，绿妖很诧异。"您的微博写得挺优雅的，所以骂出这种话我还挺吃惊的。这种在自己微博上喝咖啡到别人地盘拉屎的行为都是伪劣假冒小清新好吗？"这种情况已经不是特例了，随手在我自己的博客上翻一翻，很多刺眼的字句时常出现，这些人都不觉得自己应该为自己的言语负责，他们似乎以为他们随随便便骂的人都是没有感觉，不会受伤的。很多人在现实生活中还是"发自拍美照及艺术感悟"的小资分子，只在别人那里毫不掩饰地暴露自己的阴暗面。

当然我们这些常年写字的人已经混出了强大的心理防御能力，我们都不害怕批评，只是很奇怪，哪里来得那么大的火气？正如胡适所说："我受了十年的骂，从来不怨恨骂我的人，有时他们骂得不中肯，我反替他们着急。有时他们骂得太过火了，反损骂者自己的人格，我更替他们不安。"

语言暴露修养，更是一种日常习惯。有些人把网络习惯延伸到生活中，在生活中说话还像网络上那么随便，就惹来了麻烦。比如有人习惯了在朋友圈留言，叫朋友"SB"，觉得就是关系好开玩笑，不是骂人，有一天顺嘴说了自己老板一句，气得老板七窍生烟。

中国是礼仪之邦，有很多老讲究。递剪刀的时候，要捏着剪刀尖递出去，潜台词是在说："放心，我不会伤到你，我把危险留给自己。"语言何曾不是一把剪刀，把它不管不顾的扔出去，就可以会伤到人。

你含蓄、你斟酌、你审慎地说出每一句话，你尽可能地把真话说得好听一点，那是种善良、修养和慈悲。

这不是虚伪，也不是矫情，而是人与人之间基本的润滑剂。很多真话，就像光秃秃的树干，并不悦目，稍微装饰下，会更好看点，而不会改变其作为一棵树的本质。

每个人都有责任这样做，如果我们都想这世界再好一点。每个人都拿出一朵玫瑰，世界会变成花海；每个人都拿出一条荆棘，世界就会变成荒野。

有些话适合
烂在肚子里

[1]

大学毕业那年，我从上海回来找工作。那时候，大概是职场小说看多了，一心只想去大公司上班，于是，找出三家规模最大的公司，将自己的简历投了过去。

幸运的是三家公司都通知我过去面试。这三家规模都不错，但在我心里还是有区别的，我把它们分为A，B，C。A是我最想去的公司，其次是B，再次是C。

经过几轮面试后，B公司最先打电话给我，通知我已经录取了。我心里很纠结，因为我最想去的A公司还没有结果。当时A公司里已经经过几轮面试，就在前几天，刚刚面试完最后一轮。

我想了整整一夜，拒绝了B公司。我妈对我的拒绝非常不满，忍不住劝我："B公司也不错的，你不能这么死心眼，刚刚毕业，能有份工作就不错了，你不知道现在竞争有多激烈。你看隔壁美素阿姨的女儿，毕业都大半年了，还没找到工作呢！"

过了一天，C公司也打电话给我了，说已经通过面试，下周一就可以上班。我妈又劝我："A公司到现在还没消息，肯定是没录取，你拒绝B公司就很傻，现在赶紧去C公司吧！"

但我确实挺死心眼的，坚持要等Ａ公司的消息，还是把Ｃ公司的机会也拒绝了。

两天后，Ａ公司还是没有消息，我内心几乎也认定我没被录取。被喜欢的公司拒绝，我心里挺郁闷，就搬了把躺椅到阳台看书。

我妈一边晾衣服，一边数落我："我早说过叫你不要拒绝Ｂ公司，你就是不听，现在好了吧，哪家都去不成了，你就是太眼高手低了，Ａ公司那是大公司，你要经验没经验，要后台没后台，身高又不理想，哪那么容易被录取？你不听大人的话，吃亏就在眼前。"

可以说，我妈的话，比我没被Ａ公司录取更让我郁闷。我把书一甩，恼火地说："我求求你让我清静一下好不好？"

所幸，第二天Ａ公司就打来电话告诉我被录取了，我问他们为什么这么晚通知，他们说领导出差了，就耽误了几天。

我妈比我还高兴，兴奋地对我说："没想到你运气还挺好的，还被你等对了。"

我很认真地对她说："妈，在我郁闷的时候，我希望你不要再打击我，这时候我只想得到安慰，如果没有安慰，给我清静也是好的。"

我妈沉思了，之后她还是偶尔会犯"事后诸葛亮"的毛病，但时间久了，渐渐就改掉了。

[2]

一位姑娘爱上了公司里新来的男同事，两人交往了一段时间后，姑娘带着男朋友回家见父母。

父母很认真招待了女儿的男朋友，姑娘很开心，以为父母接受了自己的恋情。

但刚送走客人后，父母就把她拉到沙发上坐下，劝她跟对方分手。姑娘很郁闷，问好好的为什么要分手。

姑娘的父亲对她说："我们热情招待他，是因为你们是同事，不能让你没面子。但我和你妈看了半天，他不是个实在人，对于我们所提的问题，很多都含糊不清，甚至有前言不搭后语的现象，绝对不是托付终身的好选择。"

姑娘激烈反驳："你们一上来就跟审犯人似的，人家紧张才会答非所问，我们很相爱，他对我很好，那些都是你们不知道的，反正，我绝不会跟他分手。"

无论父母如何劝说，姑娘就是铁了心地要和男朋友在一起，父母在一边摇头叹息，无可奈何。

大概一年后，姑娘无意中发现男朋友劈了腿，和另一个条件更好的富家千金好上了。对于姑娘的质问，对方并没有否认，很坦白地告诉她："谈恋爱无所谓，可是结婚包含很多东西，找更合适的人有什么错？"

姑娘伤心欲绝，请假回家休息，父母得知情况后，心疼女儿，将那个负心人咒了千百遍。

姑娘还是闷闷不乐，整个人像霜打的茄子一样，母亲一边心疼女儿，一边数落她："我跟你爸早就看出来他不是个好东西，就你偏不信，现在好了吧，你呀，就是不到黄河心不死，我们吃的饭比你吃的盐都多，走的桥比你走的路还多，看人难道不如你准？再说了，我们是你亲生父母，难道会害你吗？要是早听了我们的，早早分手，你何至于弄到现在这步田地呢？"

姑娘越听越恼火，对着母亲大吼："是，我白痴，我活该，我也没求你们可怜我呀！"

母亲也恼了："你真是不识好歹，白养了你了。"

姑娘一把扯过被子，把自己的头蒙了个严实，母亲摇头叹息地走了。

[3]

一位男生大学毕业后，考上了公务员，父母为此倍觉欣慰。但是两年后，他发现这种朝九晚五的生活正在渐渐扼杀他的热情。

于是，他想辞职创业，去创造一番属于自己的事业。父母知道后，大力反对，认为公务员轻松又体面，创业前途未卜，干吗要如此折腾？

但男生心意已决，用两年存下的工资作为本钱，又找了几个志同道合的朋友合资开发APP，他们非常用心和努力。但最后开发出来的APP却无人问津，几个人的创业梦就这样破灭了。

那段时间，男生心情非常不好，人也颓废，父母见状忍不住说："好好的公务员不干，非要去弄什么APP，创业哪是那么容易的事，要真这么容易，满大街都是成功人士了，早听我们的话，至于落到现在这个地步吗？"

于是，男生更加抑郁了……

[4]

发小爱上一个男人，爱得很深，每天都在微信上向我汇报进程。

听得久了，我有一个疑惑，她在男人面前，几乎是透明的，连她几个月会说话，小学在哪上都交代得清清楚楚。可是当我问男人的情况时，她几乎一问三不知，我问她为什么连基本情况都不清楚，她说哪好意思不断挖掘，他要是想说就会说，不想说问也没用啊！

我佩服她的豁达，但同时又担心她，总觉得两个人谈恋爱，就算对方不问，自己的一些基本情况还是应该告诉对方的，如果连自己的基本情况都不愿意说，这代表什么呢？

但发小显然不愿意我对她男友有所质疑，坚持说那个男人的人品非常好。

某天深夜，她突然哭哭啼啼地来找我，进门第一句话就是："我被他骗了，原来他不但结婚了，而且还有一个孩子，却一直假装单身。亲爱的，我好难受啊，我感觉心都被掏空了。"

我叹了口气，拍拍她的背："唉，我早就……"我原本想说的话是，"我早就提醒你要搞清楚"，但话到嘴边，我突然愣住了。

这话的逻辑和语气，和当年我妈说我有什么不同呢？我一边讨厌这样的说话方式，一边却不自觉地学了过来。

于是，我赶紧改口道："我早就说过，不管你遇到什么事，我都会支持你的，你不是一无所有，你还有我啊！"

发小哇的一声哭了出来，眼泪蹭了我一身，边哭边说："亲爱的，还好有你，在我这么难过的时候，还有你陪着我，我以后一定不再这么盲目了。"

我拍着她，轻柔地安慰她，心里却想了很多很多。

[5]

当我们以自己的经验去劝身边的人时，我们满心希望对方听我们的劝，不要受伤，不要跌倒，不要辜负我们的一片好心。可是每个人都有自己的路要走，他们未必肯听我们的话，到最后，也许成功，也许失败。

当他们失败时，其实心里就已经满是懊悔，只是不好意思说出来。这个时候，我们完全不必再做事后诸葛亮，只要好好地陪伴、宽慰，和他一起走出人生的低谷，有了这种体验，往后你再说什么，对方都比较容易接受。

但，当我们说出"你看，我早说过……"这样的句式时，也许我们的出发点还是因为心疼，可对方听到的意思是"我早就劝过你，你不听，活该！"

经常有人说，爱人有事都不告诉自己，我想这时候我们就应该回忆一下自己的反映了，如果我们的反应是指责和唠叨，人家为什么要说？已经够难受了，为什么要还再听这些话呢？但如果说出来会有温暖的怀抱和理智的分析，又有几个人不愿意说出来呢？

试想，我们自己也会经历失败和挫折，当我们满心沮丧和挫败时，我们是需要一个温暖的怀抱，还是喋喋不休的唠叨？

每个人都有自己选择，有些事不是事先提醒就一定能避免的，对一个人最好的方式就是，陪他走过低谷，陪他走向巅峰。

05

让你的话
多一份真诚

有些话我们听听就算了，千万别当真

生活中我们经常会遇到这样一类人，他们善于交流，激情洋溢，拥有快速融入陌生环境的能力，在一个相对陌生的场合，也能恰到好处的活跃氛围，缓解尴尬。

这样的人，通常拥有较高的情商，自来熟也仅是源于自身的热情，以及和善的本性。

但还有一类人，平时不见得与你有多亲近，仅仅只是点头之交，甚至是上一秒完全陌生的路人，却随时可以对你开启人生挚友模式。

且与一般的自来熟不同，他们的自来熟通常都是发生在有所企图，甚至不怀好意的时候。

这样的人，姑且称呼他们为自熟婊。

[1]

以前公司的出纳，平时妆化得精致无比，外号孙二娘。

据说她是公司某位副总的亲戚，又因为我们差旅经费报销都要先经她手。所以平时在公司，遇见总工职位以下的人，她都是一副欠你两百万的样子（毕竟现在欠钱的才是大爷），在我们这些新人面前，更是拽得很。

每次去她那里报销回来，我都得郁闷三天。

可有一段时间，她突然变得特别热情，去报账的时候，不但对我和颜悦色，而且还时不时地主动和我调侃几句。开始我还认为她是性情大变，可随着她的这种热情度急剧上升，我开始趋于恐慌：这到底图钱还是图人？图钱，她应该看不上我的钱，可如果是图人，我也不能就这么轻易屈服不是？

不过这个问题没让我纠结太久，有一天在我去报账的时候，她突然叫住我，"小尹，听说你文笔还不错？"

还没等我谦虚，她就接着说："我女儿还三个月就要中考了，作文老写不好，要不你双休没事就帮忙辅导一下？"

对于一个朝九晚五的上班族来说，双休的重要性自然是不言而喻，况且还是这种免费的义务式辅导。我委婉拒绝道："孙姐，我对应试作文不擅长，你还是帮她找一个家教吧。"

潜台词很明显，我很忙，自己花钱请人去。

可她完全置若罔闻，毫不客气直接道："没事，你尽力就行。"

对于如此不要脸的无视，我只得斩钉截铁地明拒，"孙姐，我双休也有自己的事情，不好意思。"

最后，她几乎是黑着脸收下了我的报销单。而且自此以后，她欠我的钱，由两百万直线飙升到了两千万。

不过，对于她这种人，我是放债多，同样不怕债多压身。

[2]

我一哥们，在参加某个行业培训的时候，认识了一位美女同行，互报家门之后，美女显得特别亲热。

两天的培训过后，美女还主动要求互留了联系方式。往后的时间，两人联系密切，插诨打科且言语暧昧。

哥们一阵暗喜，想起上次在烈士公园遇到个算命先生，愣是拉住他，说他眉眼间桃花隐现，当时为了脱身，更为了图个吉利，丢下十块钱就走了。现在想来，那钱真不应该掏，这不废话吗。

有一天哥们与一向热情的美女通电话，美女对他欲言又止，这种反差使得哥们欣喜若狂，连忙打好几个字进行了充分准备。就在他以为就要水到渠成的时候，对方发过来一行字。"上半年那项目是你们公司做的吧？"

哥们一愣，说道："是的，而且还是我负责的。"

电话那头似乎很高兴地说："前段时间我正好接了个类似的项目，可以把成果给我参照一下吗？"

哥们立马警惕了起来："这不太好吧，这要是出了问题，我是要负法律责任的。"

美女嗲声道："没事，我就参考，而且就我们两个人知道。"

还好哥们没有被荷尔蒙冲昏头脑，压了压泛滥的多巴胺，吞一口口水斩钉截铁道："绝对不行！"

后来美女很失望地挂了电话，而后再也没有找过我那哥们。

后来哥们说起这件事情，不无感慨地说："幸好她急于求成，目的性表现的这么强烈。如果时间再长一点，我还真就给了。"

我说："人家已经到极限了，和自己压根没感觉的人调情，多膈应。"

哥们猛灌一口酒。

[3]

上次在车站排队取票，一大妈走到我跟前，一脸灿烂地说："小伙子，待会我有点事，让我排你前面一下吧。"

语气热情坚定。那时我已站了足足半个小时，正掐着时间等待取票上车。

我说："对不起，大家都在排队，而且即便我容许，后面的人也不会同意。"

她说："没事，你同意了就行，他们管不着。"

对于这样的智商与素质，我既反感又无奈，"阿姨，您取了票有事，但后面很多人是急着取票上车。"

她仍是不愿放弃："我就排你前面，也费不了多长时间，耽误你一下子就可以了。"

我不再说话，根据日常经验，很多他们这种年纪的人，狭隘的自我意识早已"进化"为他们的生活本能，他们也许不急，但就是宁可取完票后，在广场上闲逛或是在候车厅发呆，也不愿意遵守一下文明规则，更不会去考虑那些真正有需要的人。

在这类人眼里，道理与文明从来就不属于原则范畴，永远都只能服务于他们的利益。

见我不再搭理，大妈立马换了一副口吻，"你这年轻人怎么一点礼貌也没有，你父母没教你助人为乐？"而后带着满脸不悦，一路碎碎念地走开了。

爸妈从小教我要助人为乐，但更教我不要助纣为虐。

[4]

大学时候，我们班有个酒神，在系里是臭名昭著。原因无他，就是酒品太差，其实在我看来就是人品有问题。

这人自恃酒量好，喜欢蓄意把人灌醉，然后看人家酒后失态，并以此为乐。最遭人恨的便是喜欢专挑软柿子捏，用他的话说就是，弄晕百个不如放倒一个。

去年国庆的时候，大学专业同学聚会，刚一落座，照例是饭菜未动，酒水先行。

二班有一个男生，一上桌便表示不会喝酒，对酒精强烈过敏。

这哥们我有印象，以前属于学霸类型，平时除了和班里同学在生活上有所互动外，和我们其他两个班的同学基本没什么交情，最多就是遇见了点个头。大家也没多加在意，纷纷对此表示理解。

本来嘛，平时大家在工作上喝酒应酬，已是不胜其烦，现在好不容易同学聚会，喝酒就图个开心，自然也没谁会去强行劝酒。

可我班那个酒神，工作几年了，仍是没有改掉那个坑人的臭毛病。大家刚走一圈，他立马提着瓶子起身了，这次的目标出乎意料，竟然瞄向了二班那个表示不会喝酒的同学。

他走过去，立马搭着人家的肩膀，满脸热情，"哥们，以前我们不怎么熟悉，以后多交流。"说完脖子一仰，一杯酒已经下肚。

二班那同学无奈，只得舍命陪君子，狠心闷了一杯。看情形明显是真的不会喝酒，喝完呛了一口不说，脸立马就红了。

本来事情到这里也该结束了，可酒神愣是搭着人家的肩膀不放，几句话过后，又是仰头一杯下肚，人家都没来得及阻止。

这时候，那男生脸色很明显有点挂不住了，其他人纷纷说差不多就行了，我们更是跑过去想把他拉回来，可酒神却是不依不饶："哥们，我可是先干为敬了。"

那同学脸色阴晴不定，最后脸一拉，冷声道："我和你不熟。"然后便坐了下来一声不吭。

剩下酒神倒拿着杯子站在那里，满脸尴尬。

［5］

　　冯唐有一著名的文学金线说，活用一下，放在人际关系里同样适用，两个人关系怎么样，旁人眼里或许是若隐若现，可当事人绝对是洞若观火，一清二楚。

　　什么样的关系，什么样的契合。别人不懂，难道你自己还不清楚？

　　生活如此艰难，对于那些口热心冷的自熟婊，能绕开就坚决没必要产生交集，实在被贴上了，那就简单粗暴的予以拒绝，绝对比客气礼貌的婉拒效果要好得多。

　　如果他们对此表示不悦，那也没关系。

　　反正你活着，也不是为了让他们开心。

让所说的话
少一点虚情假意

[1]

大早晨的，接到一个熟人的电话。

"最近忙吗？"

"还行吧。"

"咱们可有日子没聚了。"

"是啊，找个机会坐一坐？"

……

家长里短的聊了十多分钟。直觉告诉我，久不联络忽然亲热，势必有事啊。眼看上班时间要到了，为了节省时间，干脆直截了当："是不是有啥事儿？"

"能有啥事儿啊，就是想你了，所以叙叙旧。"

哦，看来我是想多了，既然没事，还是等清闲了再叙吧。

说了收尾的话，就要挂电话，熟人急吼吼地批评我："你这人，上班就这么着急啊，迟到几分钟能咋地，对了，说到上班，你们单位忙不忙？"

"忙啊，当然忙了，任务多，人员少，能不忙吗？"

"既然这么忙，干吗不招点人啊？"

"谁不想招啊，可合适的不太多。"

"怎么不太多，我家你大侄女大学刚毕业，这不在家闲着了嘛，中文系科班出身，你们那点儿活，她完全可以胜任。"

话到这里，我才醒过腔来，敢情真有事啊，这不在这等我吗？

想要给女儿找个差事，直截了当问有无机会不就可以吗，这下可好，绕了十八圈的功夫，还再三申明什么事没有就是叙旧。

我可真服了这位大姐。

"我们单位是缺人，但进新人得经过正常的公务员考试招录，不是谁一句话就能进来的，没事让孩子去翻翻公务员招录信息，有机会赶紧报名，好了，我这都迟到半小时了，咱以后再聊好吧。"

"看你这人，简直就是个工作狂。好吧好吧，不打扰你了。"

电话挂掉，手脚翻飞地收拾东西下楼，走得太急，一脚踩空，崴了一下，那个疼就别提了。

揉着生疼的脚脖子，气急败坏地想起打电话的熟人，那个烦就别提了，如果有一说一不绕圈子，至于浪费这么多时间嘛。

[2]

熟悉的人都知道，我是个说话特别直接的人。说得好听一点，这叫坦率，说得不好听一点，就是有点傻冲。

也是源于此，男双鱼先生经常批评我："怎么说话就这么直不棱腾的不知道转弯呢。"

刚开始，我还狡辩："我要绕着弯子说，万一对方理解不了，不是瞎耽误功夫吗？"

男双鱼先生翻翻白眼："放心，没人像你这么傻。"

后来发现，男双鱼先生说得非常正确，的确没人像我这么傻，可是，我学不会绕着弯子说话咋办。

前段时间，家里有大项开支，需要把外面漂着的几笔欠债收回来。

我自告奋勇地打电话："哎，最近我家里要置业，你手头要是富裕的话，把之前欠的钱给凑凑吧。"

对方哼着哈着应了，电话刚挂掉，男双鱼先生气急败坏的发声了："有你这么说话的吗？"

"怎么了？欠债还钱，天经地义啊。"

男双鱼先生白我一眼，打第二个欠债人的电话。

"哥啊，最近好吗？咱可有时间没见了。"

"是啊是啊，都是瞎忙，对了，你最近忙啥了。"

巴拉巴拉，热火朝天的说了十几分钟，这才说到正题："这不最近想买套房子吗，手头有点紧。"

"你也真是，手头紧还买什么房子啊，又不是没地儿住。"

对方清清楚楚的声音传过来，男双鱼先生张口结舌："我不那么嘛。"

"那什么啊，现在房价正高，你可千万别买，买了万一砸手里可就亏了。"

男双鱼先生张张嘴半天没说出话来，那哥倒利索："兄弟，我这还有点事儿，咱们以后再聊啊。"

拿着只剩忙音的电话，男双鱼先生脸气得跟个紫茄子似的，我笑得前仰后合，他不是委婉吗？他不是喜欢绕圈子吗？好啊，绕吧，委婉半天欠债没收回，反倒浪费了十几分钟的电话费。

[3]

我承认说话是门艺术，但，必得委婉含蓄才算艺术？直截了当有一说一就不艺术了？

明明想要表达的是A，非要绕过B再绕过C，然后才切入正题。更让人抓狂的事，很多时候，明明已经绕过B和C，该说A了，依然不直截了当，非要在A上再蒙上几层薄纱，让你猜着心眼儿的听话听音。

于聪明人而言，可能立刻就心领神会、触类旁通了，可对于类似我这种智商比较让人着急的就白瞎了。您那厢啰里啰唆大半天，我这厢一头雾水——这都什么对什么啊，您老人家到底要说啥？

刚上班那阵儿，我所在的部门，人精扎堆。

对于资深人精来说，凡事只说三分是习惯，至于剩下那七分，全凭你的领会了。

人精和人精打交道，这种把戏可以PK得特别爽。很多时候，甚至不用三分力度，只是蜻蜓点水般的一句，对方就心领神会了。然后，兵来将挡水来土掩，闪展腾挪，十八般武艺，七十二种兵器，那叫一眼花缭乱。

可惜的是，人精之间过招，看懂的只有同类项，像我这种职场小菜鸟，只能一惊一乍：怎么好好的一句玩笑话就恼了？怎么看似无足轻重的一句话就急头怪脸了？

别人的事儿看不清，自己的事儿也一样。都在一个单位，我也需要和人精打交道。很多时候，人精们说了好半天，我傻乎乎地听来听去，感觉对方是要表达什么，可就是听不出弦外之音。

这种事儿，还不能去问别人，只能自己闷着脑袋想啊想，想破脑袋还是想不出，实在气不过，干脆破罐子破摔，爱什么意思什么意思吧，既然想不出，索性不想了。

然后，用不了太久，有件什么事情发生，突然你恍然大悟："原来当初那些话是这个意思啊。"

应该立即明白的话隔段时间才回过味儿来，好像也没什么损失，慢慢地发现，很多别人绕圈子的话，听懂和听不懂，并无太大干系。这种事儿经历多了，索性放开手脚，只要有事您不有一说一，就是听明白了也和您装糊涂。

不是不配合，而是受不了这种转弯抹角的，揣着明白说糊涂话。

语言的作用是什么，不就是表情达意吗？有一说一和有一非得先绕到十再说回来，真有那么大意思吗。

有人说说话会绕圈子是心眼儿多，我不觉得这是心眼儿多，我觉得这是病，得治。

[4]

说话太直接，的确有弊端：第一，直插主题可能会带来突兀感；第二，氛围可能不如循序渐进式切入柔和；第三，对方接受起来可能不那么顺畅。

但是，结果呢，结果还不都是让对方明白你要表达的意思么。有一说一也许稍嫌生硬，可优势也有啊，简洁明了直中要害，不用浪费太多无干的脑细胞。更重要的是，交流的人不用担心自己传达的信息对方接收不到。

大猫姐是个说话特别喜欢绕弯子的人，打过交道的人，都说她聪明心眼儿多。刚开始接触时，我也经常不自觉地赞叹，人家那心眼儿怎么长的，咋曲里拐弯的那么多道道子呢。同样一个意思，咱一说直不楞腾，人家一绕，皆大欢喜。我发愿要向大猫姐好好学习，接触久了，却开始敬而远之。

无他，唯心累尔。

和说话喜欢绕圈子的人在一起，你得老惊弓之鸟般保持着草木皆兵的状态，饶是如此，很多意思还是不能领会。大猫姐私底下经常对很多人不满，她不认为是别人听不懂她的弦外之音，反而认为别人听懂了却故意不搭理她这个茬。

有了不满，大猫姐会继续旁敲侧击，那场景就变得特别有趣。一个着心着意的不动声色，另一个却浑然天成的一窍不通。最终，不动声色的累觉不爱，一窍不通的一脸懵逼丈二和尚摸不着头脑。

没有说清楚的意思依然不清楚，大猫姐恨恨地来一句："这呆子可真傻。"

傻的确傻，可一个听不懂弦外之音的傻瓜，能有什么损失吗？

真心没有。

不但没损失，据我观察，习惯直截了当的人，还更容易获得信任感。有一说一的人时时刻刻言为心声，别人打交道也觉得省力放心。所以，她和这个世界发生关联时，从来都是点对点的弹无虚发，没有半点无用功虚耗。

可很多人绕圈子绕成了惯性，体会不到有一说一的好，他们很少去想一个问题，曲里拐弯的说话方式，也是有分流的。这种分流，以资源占有的多寡为分界。

资源占有者往往不喜欢有一说一，他们更喜欢有十说一。之所以有十说一，不是刻意委婉故意含蓄，而是有意摆架子。说句到家的话，人家有需要被拥趸者猜心眼儿的资格，也享受点到为止的那种霸气和酷拽。地位不平等的情况下再傻的人也会去听弦外之音，否则，不配合就挨打，挨打多了上头放个屁你也能立即辨别出风向。

资源占有者的牛叉，非资源占有者是不具备的。什么都没有什么都不是的情况下还喜欢绕着圈子说话的人，往往具备两种性格特质，一是有智商上的暗自傲娇，习惯自作聪明；二是潜意识里胆怯不自信，没勇气完全表达自己。要证明这一点很简单，再怎么喜欢绕圈子的人，和陌生人说话时也会有一说一。

为什么陌生人面前就能有一说一？因为不用怕陌生人不高兴不接受，而且，陌生人也没工夫听你云山雾罩的瞎嘚啵。

人生苦短，需要干的事儿那么多，何必绕圈子，有话请直说。

该说NO的时候
就不要YES了

有一阵子反复低烧，去医院体检，体检单上写着心肌酶高，医生推断有可能运动过度造成的。晚上心率每分钟达到一百多次，越是这样，越是睡不着。每次赵同学深情的对我说，闭上眼，就睡着了，我都在心里把他想象成土豆，然后像削土豆皮儿一样，把他挠一遍。一个没心没肺的人，永远体会不到有的人从小一发烧就失眠的习惯。身体斗争了一晚上，早晨自然浑身无力，上一趟三楼都要厚着脸皮等电梯。而这个时候，恰巧同事又让你帮着取快递，你很想拒绝，唉，还是挺一挺吧！下楼一看，很想骂一句脏话，那么大的一个箱子，没带手机，要不要空手回去呢？唉，忍一忍吧！拖着大箱子，继续厚着脸皮等电梯。

取快递也好，复印东西也好，你会发现刚参加工作时，多多少少是要被前辈们指挥安排。曾志伟在采访时说，他很欣赏刘德华的一点就是，他特别的努力，特别能吃亏，年轻人吃点亏挺好的，别人都有心，都有眼睛，会记得你的好。

可是假设这件事令你很不愉快，很苦恼，比如身体上的不舒服，甚至得坐下来缓上好一会儿，怎么办？你会想，如果在家，你会毫不犹豫地拒绝，不去，身体不舒服。没有人会误会你，埋怨你，甚至是记恨你。当然，你爸妈早知道你身体不舒服，也不会派你去快递的，轮不到你拒绝。可是工作中不一样，为了平衡工作中同事间的关系，有些人选择用无数句的"可以""都行""没问题""谢谢""对不起"等。与其说这是家教好，不如说，我们害怕以小失大，所以忍一忍，有必要去勉强自己，做一些不情愿，却不得不做的事情。

我们管它叫成全别人，难受自己。

楼上搬进来一家新邻居，一对母女，大概是租了三年的房子，为了高中陪读。有一天这个女人敲我家门，问我妈要wifi密码，我妈说，楼上有网线，交一下网费就可以啦。她说，网费太贵了，平时也不怎么上，就孩子没事上网查查资料。我妈呢，典型的心善温柔不好意思拒绝啦，就把密码给她了。这样她还不知足，把手机递给我妈问："你知道这些用户名都是谁家的wifi么？我去管他们要密码，说实在的，你家的密码信号不是特别强。"我妈当然回答说："这谁知道呢！"当天晚上，我家网速就卡了，我妈跟我讲："再继续卡，我就上楼告诉她们，两家用一个网线实在不行，然后换密码。"

我问她："可是如此一来，你就不得罪人了吗？"

我妈问我："那怎么办？"

我以为，只有年少的人，才会耻于拒绝，而像她这个年纪早就不在乎什么面子问题，活得舒服才是正经事。比如楼上的妇女，为了自己方便豁得出去，甭在乎别人怎么想自己。可我妈却还是会为拒绝别人而难为情，难开口。

我说："如果不想拒绝，她的孩子不是查资料么？你把她的手机拿来，把密码给她连上，不必把密码告诉她，手机能占多少网速啊，为了防止她把家里面的所有电脑所有手机都拿过来，你可以委婉地断她后路，我家几乎不看电视，都在网上看视频，之前跟楼上房东合用过一根网线，就是因为网速太慢，才自己单独办的，你家不是查资料么，手机临时上网还可以。"事实上，也确实是这么回事啊！

很多事情不是非A则B，不一定非要完全按照对方的心意来或者当头一棒的拒绝，总之，要用对方自己说出来的话，来把她的前路后路全部堵死。

最懦弱最憋屈的做法是，把密码告诉了她，回头偷偷嘀咕，这个人好不讲究啊，脸是有多大！想不通，居然会管陌生邻居要密码，她是怎么说出口的呢？占网速的时候她怎么好意思呢？然后在每一次看视频卡的时候，都赖在她的头上，控制不住的生气，都在心里复述一遍：这个人啊，太不讲究了！然后再绞尽脑汁想怎么在不得罪人的前提下，解决这个问题。

其实，她好意思开口，你为什么不好意思拒绝呢？你可能说，我跟她是一样的人吗？我要脸啊！

什么是要脸呢？生活中规规矩矩的，道德底线清晰，本本分分不越界，或者自恃清高自认为聪明自以为是？别人不按照你的招式出牌，跟所谓的大多数人的大脑抽筋方式不同，就被嫌弃吗？也许你眼中大大咧咧不讲究的人，其实也不是爱占小便宜，只是因为她认为这些都是小事，没什么大不了，张张口而已，顺便的事儿。换了是她，你要密码，她同样会爽快地给你，不会私下里嘀咕，纠结，认为你没修养。

就像粉丝问我，有一个不是很熟的朋友，寄宿在他家，然后赖着不走，每天大大方方地出来进去，走的时候就跟灰太狼似的，说一句："我今天还回来。"他很苦恼，因为他习惯了自己住，跟他的关系又不熟，这样住在一起很不自在，不习惯，可又不好意思赶他走，怎么办呢？

我回复他说，如果异性就很好办了，直接告诉她因为性别的原因不方便。如果是同性的，你实在看不惯他不修边幅的样子，或者不习惯跟别人住一起。拒绝也并非直截了当赶他走，你可以先旁敲侧击地问他，怎么不回家住呢？是不是没没找到住的地方呢？长期没个着落也不是办法，用不用我帮你找出租的房子啊？

最无奈的是，你一方面还想表演的，无所谓，不在乎，欢迎光临，不想让对方看出来你嫌弃，你不高兴，你不习惯。一方面你还怪人家猜不到你的心思，看不出来个火候，不明白你心里的真实想法。很多立场、态度、喜好如果你不表现出来，谁有时间猜来猜去跟你玩？

如果你非说，有一些人就是钻空子，喜欢占别人便宜。比如有一年郭冬临的春晚小品叫《有事您说话》。求他买火车票的朋友以为他有关系有能力不费劲儿就买得到，却不知道每张火车票都是他卷着铺盖熬通宵去火车站排队买的。她媳妇因此跟他生气，吵架，并且警告他，如果再有人求他买票，千万别答应。可是他，还是忍不住做了那个，好说话，不会拒绝的好好先生。

有一年年底，赵先生让我帮他在网上抢票，我问他，你家从北京到沧州也不需要抢票啊！他说，帮朋友忙。我说帮忙当然好了，但千万别难为自己，很多忙，我们只需要动用一点关系，张张口，顺手而为之，而有些忙，我们则需要背后付出很多才得到的，并不比当事人轻松，而对方全然不知道你要花费那么多时间精力以及钱财，这样就不划算了。

如果一早就给对方正确的信号，认知，可能就不必为很多个"是该同意还是拒绝"而苦恼了。就像，我跟朋友的关系再好，她们也不会跟我提借钱的事儿。我从没有苦恼过要怎么拒绝，钱借出去了，是该催她们还钱还是黑不提白不提就这样算了。

最可怕的是，你没那么不在乎，还你非要表演出另一副模样，而隐藏住内心的小心思，最后，原本是别人的事，折磨的却是你自己。

你以为你不拒绝，就可以躲避那些狂风暴雨了吗？也许你身边有这样一些人，他们经常好心办坏事，他们帮了人家，结果没人领情，甚至还把对方得罪了，赔了夫人又折兵，撂下一身埋怨，里外不是人。

我大学时认识一个姑娘，品性很好。刚上的大学的时候是班级的联络员，当一些调皮的同学翘课时，打电话找她帮忙喊到，她痛快地答应，还找了一些朋友来帮忙。可是却没有人感激她，她做过很多这样吃力不讨好的事情，还经常有人在背后说她坏话。她有一次问我："怎么你帮别人，即使是很小的事，别人也会很感激你，记得你的好？而我恰好相反呢？"我说："合理地拒绝并不一定会得罪人，无条件地接受也不一定会令对方愉悦，重要的是你该如何表达。"

看《花儿与少年》，最后一期的相互吐槽环节，井柏然评价郑爽说，郑爽做一些事确实给人感觉不舒服，不是她这个人有问题，其实她只是不会表达。我相信，其实很多所谓的恶意，仅仅只是双方沟通不畅，是你的表达出了问题。

总是碍于面子，怕得罪别人，很在乎别人眼中的自己，为了那一个好评，成全别人难受自己，这大概是我们大多数人的选择。无论是同意也好，是拒绝也罢，都是问问自己，什么对你而言更重要，是面子？还是自己的内心感受。首先你要目的明确，这样你才会有所偏向去照顾你的面子或者情绪，再去实现你的目的。答应了别人未必就能真正地取悦别人，而拒绝也并不一定就是把人给得罪了。

[
你的不懂拒绝
迟早会害了你
]

年前我和先生宴请我娘家人，席间一位亲戚问我新买的房子装修好了没，什么时候请大家去看看。我说有些细节没弄好，还没搬进去呢！

我妈想也不想地接口道："快好了，我去过，数了数房间有十几个呢，等她弄好，你就带着孩子过去玩，晚上就睡在那。"

先生一听，顿时愣了，一脸惊恐地看着我。

我压抑住心里的怒气，笑得很温和，但语气是不容商量的坚决："我们家从来没有留宿客人的习惯，一般有客人来就住隔壁的喜来登酒店，走过去不到五分钟。"

于是，换我妈的脸色变得很难看了，我没有理她。这种事情已经不是第一次，我早已再三表明：在我们家，必然是我和先生做主，任何人想越过我们做我家的主，我绝不可能答应。

回到酒店，先生担心地问我，我妈会不会生气。我反问他："那你愿意以后我们家变成招待所？"

先生说那当然不愿意了，想想都觉得恐怖。

在当时的场合下，我若不吭声，那就是默许，代价就是以后的生活和自由都被严重破坏，直到我自己再也不愿承受为止。迟早要拒绝的事，不如一开始就说清楚。

我的大姑姑，便是最好的前车之鉴。

20世纪80年代时，我出生的小县城基本上没什么人种地了，大多数人或者上班或者自己开始做小生意，但在风俗上，其实更接近农村。

我大姑姑属于吃苦耐劳，头脑灵活的人。我在七岁时，她就在市中心买了一套商品房，全家都搬到市里去住了。当时周围好多人都羡慕她，因为她们家是我们那里第一个买商品房的人家。

但是，麻烦随之而来，几乎所有亲戚以及平时关系比较好的邻居都把她家当成了据点。当时，大家去市里逛街，中饭肯定去她那里吃，遇到生病、高考或者其他事，就会自然而然地留宿。在我的印象中，她们家的次卧，基本上隔三岔五就会有人来睡，小我四岁的表弟，永远只能跟着父母睡在主卧里。

那时候，也是我大姑姑事业最忙的时候，每天一大早就要过去看店，晚上也要忙到很晚。记忆中，她们家很少开伙，都是在外面买快餐解决的，因为没时间做饭。

但每次有人来时，这个规律就要打破，总不能叫客人吃快餐。于是，买菜、做饭，那时候还不是很流行去饭馆，何况来客的频率太高，这也是一笔不小的开支，我姑姑舍不得。

但凡做生意的人，都不太舍不得这样花钱，时间长了，我姑姑自然不乐意了。有客人来，她都会想尽办法推托，不是说要去进货，就是说自己病了，但这样的借口也无法常用，所以她还是得继续招待亲戚朋友。但心里有了抵触，便不可能再有太多的热情，往往就是不得已应付一下，也绝不会很热情、真诚地挽留客人吃下一顿饭或者留宿，于是，那些亲戚渐渐对她就有了意见。

大姑姑没结婚时，她几乎每天都和我在一起，那时候我只有几岁，我的数学和诗词几乎都是她未嫁时教的。每到暑假，她就会来接我过去住，因为我去了，她就有借口告诉其他亲戚：我侄女在，家里住不下了。

也是那段时间，我看着她每天很忙、也很累，有时候几乎连喝水的时间都没有，我也是跟着她吃快餐的。没人的时候，她就会跟我抱怨："你看见姑姑有多忙了吧？她们总觉得我天天都闲着，就等着她们来，不是今天这个来，就是明天那个来，我真的快烦死了。"

而我平时大部分时间住在小县城里，所以那些亲戚和邻居的反应，自然听得更多。我不止一次听到她们对我说："你姑姑这个人太自私，太顾己，你长大了可千万别像她哦。"

也经常听见亲戚们聚会时，毫无顾忌地谴责她："前几天我儿子生病，我住在阿凤（大姑姑的名字）家里了，他们两口子都不太热情，话也不多，说实话，要不是我儿子生病，就算请我去，我都不愿意去呢！"

另一个接口道："上次我去逛街，中饭也在她家吃的，她也没说吃完晚饭再走，我就自己回来了，阿凤她们家确实不太热情，尤其她老公，闷声不吭的，让人觉得很不舒服。"

然后会有人总结："哎呀，你们呀，人家现在是城里人，是老板，忙着赚钱，忙着和有钱人打交道呢，我们这些穷亲戚人家哪看在眼里啊，今天你要是市长局长的过去，保证人家无比热情地招待你。"

当时我年纪虽小，但永远不会忘记他们的表情。有时候，我看不过去，会说："既然你们这么不满，那就别去了啊！"

但，他们不满是一回事，不去打扰那是不可能的。我妈警告我别胡说八道，因为连她对大姑姑也很不满，觉得她照顾娘家人太少了。

小时候的我，从不两边传话，但我会在大姑姑抱怨时，对她说："那你就索性不管啊，管自己就好了。"

她会看我一眼，郁闷地说："怎么不管？又不能断绝往来。"

所以，她一边不满，一边继续做着自己不愿意做的事；而亲戚们，一边不满，一边继续打扰着她。二十年下来，她视对方为累赘，而对方也视她为无情无义之人。

那时我就在想，如果是我，我会怎么做？我妈也问过我这个问题，我很干脆地说："我会在一开始就拒绝。"

当时她很生气地说："你也是个断六亲的人，和你大姑姑一样。"

我冷笑一声："我就是真断了六亲，你们又能奈我何？我可不像大姑姑，一边抱怨一边继续，我不会抱怨，但我绝不允许别人打扰我的生活。"

我很清楚，当时大姑姑不敢拒绝是因为怕亲戚们的不满和指责，所以即使她再不愿意，也强迫自己去做，但结果是相互嫌弃。如果她现在开始拒绝会怎么样呢？结局不外乎如此：让原先对她不满的人，更加不满。可以说，她这二十几年来的周旋，除了得到不满外，什么都没有。但如果当时她在最初就拒绝的话，和亲戚们的关系并不会比现在差，而且，她能保住自己的生活。

饭局结束的第二天，她打电话给我："还是你有魄力，敢当面就拒绝，你就不怕她们说你？"

我笑得无比爽朗："以你对我的了解，你觉得我会在意吗？"

电话那头，她久久没有言语，不知道是否在想这二十年来的点点滴滴。

前几天，有位四十五岁的读者给我讲了她的故事。

她说父母从小就管她很严，非常强势，后来，她考上了重点大学，毕业后进入外企，收入不错。一年后，就遇到了一个各方面条件都不错的男人，顺利恋爱结婚。由于老公的收入更高，两人按揭买了一幢别墅，日子充满希望。

但自从他们买了别墅后，父母就很想搬来一起住，她不敢拒绝，她老公不好意思拒绝，于是，她爸妈就住下了。

这一住，就是十年，由于她爸妈强势惯了，自从搬到她家后，这个家的主人就变成了他们。他们夫妻的行为必须符合他们的要求，比如大夏天不准开空调，因为老人不怕热。家里的大小事情都必须由他们做主，包括孩子的教育，家庭财产的开支。

她老公非常郁闷，几次提出希望她父母搬走，但她不敢跟父母提，一直拖着。她父母见女婿不像以前热情，对他也很有意见，家里一直充满了冷暴力。在第七年的时候，她老公很严肃地提出，希望她父母搬回自己家，否则婚姻不保。

她试探着跟父母提了一下，结果被骂得狗血淋头，大骂她忘恩负义，抛弃自己的父母，并且以最快的速度把老家的房子卖了，向她表明：现在我们没房子住了，如果你要让我们流落街头，你就看着办吧！

到了这个地步，她自然不能再要求父母搬走，只能安抚老公，但家里的氛围越来越冰。

在第十年时，她老公非常坚决地提出离婚，表示什么都不要，只求离婚。她大惊，拼命挽回，表示只要老公不离婚，她一定送走父母。她老公说太迟了，就算你现在送走了，我们的感情也回不去了，这些年，我心里已经积累了太多的怨气，以后的日子，我想过得舒心一点。

不管她如何挽回，对方都坚决离婚，并说，"如果三年前，你就肯解决这个问题，我们的婚姻还有救，现在已经太迟了。"

男人离婚的决心无比坚定，她不得已离了婚。平心而论，她也清楚这些年，老公实在受了太多的委屈，连自己赚的钱如何花，都要被她父母干涉，能忍十年，已经不是一般男人能够做到的。

离婚后，她父母对男人破口大骂，她悲愤不已："如果不是你们，我们会走到今天吗？"

她妈甩了她一耳光，对她大骂："你个没脑子的东西，跟你离婚的是他，只有我们才不会抛弃你。"

她对父母充满了怨恨，三人大吵一场，父母一气之下搬到酒店去住了。

她问我，她到底做错了什么，为什么会落到两边都不讨好的下场。

这世上，有很多人认为：只要拒绝了父母的要求，就是不孝，从来不去辨别父母的要求是否合理；也有很多人认为：只要拒绝了朋友的要求，就是不讲情谊，从来不去思考这个要求是否超出了自己的能力范围。

于是，违心地答应，逼自己去履行，牺牲了自己的生活，消磨了自己的耐心，原本想维护的关系不但没有因此保住，反而快速消亡。任何一种关系的维系，一定是你情我愿，相互体谅，所有勉强自己的行为，都坚持不了太久。

请记住：会令你为难的人，本身也不见得有多在乎你。如果一件事，一开始就令你不舒服，那么，越早拒绝越好，拖到必须解决的那一刻，也许你就只能断尾求生。

别让你的话 多欠了人情

[1]

我读小学的时候，家里因为换置住房而需要一笔钱。

父母为了省下银行借款的利息，硬着头皮去找好几个熟人借了钱，其中就有一位熟人，他的儿子是我的同班同学。

这位男同学，隔三岔五在班上大肆宣扬"她家欠了我家的钱"。

虽然我成绩比他好，个子比他高，可在他面前，我总感觉低人一等。

回家跟父母倾诉这件事，他们只是安慰道，男生调皮，心眼是不坏的，你当没听见就好了。

母亲在医院工作，偶尔有人托她帮忙，对方都会客客气气的。

唯独这一位我们欠他钱的熟人，他家人在我妈工作的医院住院时，各种麻烦我妈，并且没有什么抱歉之意，似乎认为这是理所应当的，谁让我们家欠他钱呢。

后来我问老妈："银行的利息到底有多贵？贵到要这般心怀亏欠？"

她说："其实没有很贵，当初不应该省这点钱的，人情，比利息贵多了。"

[2]

毕业季的时候，我一位大学同学参加某国企的校园招聘。

其实他个人非常优秀，拿offer的难度并不大，可是在快放榜的时候，他的父母不放心，怕他考不上。

父母想方设法地帮他找熟人，最终找到该单位一位人事部门的工作人员，大包小包加红包地去人家家里送礼。

其实这场招聘非常公平透明，分数已经出来了，只是还没公布而已，同学分数很高，录用是稳稳地。

最终同学顺利录用，完全靠的自己，却被周围人私下诟病了许久，说"他呀，是个关系户"。

[3]

学妹暑假去北京实习，住房还没着落，本来打算通过租房中介找，学妹的母亲非说北京有个熟人，不用花给中介那个冤枉钱。

这个熟人，只是母亲高中时的一位老同学，跟租房行业也搭不上关系，可是在母亲的"联络感情"下，学妹的租房大事就拜托在这位熟人阿姨身上了。

学妹去北京时，自己行李很多，还给阿姨捎了大堆特产。

阿姨帮她相中的房子，是阿姨朋友的闲置房，"本来都快租出去了，我特意让他留给你的"。

这个小房子，离单位不太近，环境不太好，价格也不太便宜，是一个如果跟着中介去看房，会被一口否决的房子。

学妹有些尴尬，私下问母亲意思，母亲说"特意麻烦人家找的，还特意给咱们留的，就租下吧"。

学妹只好租下这个不怎么喜欢的房子，连讨价还价都没有了余地。

[4]

那些本可以自己解决的事情，因为"找熟人"，原本平等的关系变得低人一等，原本顾客至上的买卖交易变得迁就和隐忍。

即便没帮上忙，只要开了口，就亏欠了这个人情，甚至在很长一段时间里，遭人诟病。

原则也好，价钱也罢，在熟人面前，都不适合再谈起。

为了省钱、省事、省时间，我们找了太多次熟人，我们总是忘了，省下的，是一点小利小惠，亏欠的，是漫无边际的人情。

能自己解决的事情，不要去找熟人。

别闲着去干涉他人的事

以前赶早高峰上班的时候，都会在同一部电梯里碰到一位大姐，每次进电梯时都会很快感觉到自己首先接受了一遍来自于对方从上到下的目光洗礼。如果当天乘电梯的人中有她认识的同事，会马上听到这样的话：

"你今天带餐啦，隔夜的吗？这样不好，有致癌物质，对身体不好。""你今天穿得有点薄啊，多穿点衣服。""你脸上冒痘了，多喝点水。""你又带这么多零食，太会花钱了。""你太瘦了，要多吃点。"……

一幢写字楼不同楼层每天都会有不同的面孔，在一个相对密闭的空间里，大家再熟识点头示意就好，如果想要进一步说些话，一般就尽量压低声音聊些无关痛痒的话题就好，这样也算是对谈话对象和电梯里其他不相干的人的尊重了。一直以来我以为这应该是常识。

但每次碰到这位大姐，我常常就会有些头痛，不知道她随时会冒出哪些令人尴尬的话题。

令大家更难以忍受的是每到一个楼层，随着电梯开门，到对应楼层的人陆续走出去时，就会听到她转而对身边的人说，"你看她高跟鞋穿得那么高，对子宫不好的。""看到那个人背的包了吗？网店上有爆款，你要买我给你链接。""那个人的发色明显就不衬她的肤色啊。"……

每次我都恨不得快快到达公司所在的楼层，电梯门一开，几乎想立刻就跑出去。那种感觉有种走在农村的街头巷尾，从一群闲来无事摇着蒲扇互相吐槽东家长西家短的妇人们中穿越而过。

想必遇到这样的人，那些带餐的、穿太少的、冒痘的、带零食的应该一早上的心情都不会太好吧。而那些还待在电梯里的不相干的陌生人心情应该不可避免也受到影响，担心待会自己一走出去，就会被冠以什么样的评价。

狄更斯说："最好的礼貌是不多管闲事。"我觉得这句话算是客气的，在一个开放的公共空间里对认识的和不认识的人评头论足，指手画脚，表现上打着一幅为了对方好的旗号，但实际上是很没有教养的行为。

以前在报社当记者的时候，做过一份调查，问大家在办公室一般不喜欢哪一类型的同事？结果出乎意料，大家都指出了同一类的同事，就是好管闲事，越界越级酸其他同事的人。

比如最不喜欢听到这种人捧着水杯站在你身边说，"还是你们岗位好，上班时间还能上QQ，逛淘宝，不像我们这样的岗位都忙死了。""我看你们部门同事之间也很少交流啊，不像哪个部门讨论热烈……""听说谁谁谁的方案还没出来，太拖拉了，听说哪个部门都等着呢！"……

碰到这样的人不知道是公司的福报还是毒药，但对于同事间来说绝对是毒药般的存在。这种看来闲来无事的随口一说，言辞间听起来热情、羡慕、劝诫和鼓励，实际上却十足挑拨离间同事间的关系。

以前每次网络上爆出一个明星离婚的消息时，就一定会有大批的网友奋起围观，指责男方不负责任，推测女方是否出轨。以前我常常不明白到底是什么样的人有那样的一份闲心为自己不相干的人发起实实在在的口水战？后来我渐渐明白了，不管现实世界还是虚拟网络，管闲事是很多人骨子里就具备的天赋异禀，他们是随时随地都能找到视野所及的管辖对象的。

我是一个不太爱管闲事的人，特别是对于够不上朋友的泛泛之交，一般就止于点头微笑，彼此客客气气相安无事就好。但事实上，我发现自己其实和很多人一样，也是一个多管闲事的人。

以前好友L经常把我当成一个情感垃圾桶，跟我抱怨男朋友对自己并不是十分在意。她说对方甚至风雨无阻接送某个女同事上下班，态度很暧昧。

我几乎拍案而起，当下跟她说，分开吧，不要再继续交往了，要不以后辛苦的是你自己。

但他们非但继续交往，最后还决定结婚了。

结婚的前夕，她又十分焦虑和悲伤地跑来跟我说，他和那个女孩还是没有彻底了断，前几天深夜还互发了短信。信息极端暧昧。

我跟L说，要考虑清楚了，这婚还是不要结了。对方婚前不忠，婚后也不要奢望他会忠诚了。

L似乎听进去了，但无力的是，她根本没有主意，父母反对的事，她是绝对不敢自己做决定的。

后来他们结婚了。

婚后的生活就开始进入无比狗血的拉扯。她总是患得患失，无时不刻在追踪他和那个女孩的信息，两个人因此不断爆发争吵。直到有了共同的小孩，这种战争也没有停止过。

终于有一天，她不是跑来跟我哭诉，而是斩钉截铁地说，自己太累了，这个婚算是离定了。

我也鼓励她走出来，并跟她分析了一大段关于她婚姻不顺的缘由始末。甚至忍不住帮她骂了那个男人。

没想到回去后，她又再一次妥协了。她说自己还是希望给孩子一个完整的家。

那一刻，我的表现比她还要崩溃，然后跟她说了一长段我至今都后悔无比的话，我说每次在我觉得你们是时候分开时，你都能再折回原路。你根本是在毁掉你自己的人生，表面上是要给小孩一个完整的家，但实际上是你不够坚强，太过于懦弱不是吗？你这不是为了孩子好，相反，只会给孩子造成一种错觉，认为所有的家庭和婚姻关系就是一种表里不一，表面上完整，实际上支离破碎。这种生活状态下，你是不会幸福的，小孩也不会幸福的。

L沉默了，然后销声匿迹很长一段时间。

后来在朋友圈里频繁看到她所更新的状态，发布关于孩子的消息，老公的消息，营造一种其乐融融的感觉。但每隔几天又会出现一条无奈的抱怨。反反复复无常。但感觉得出来，这种状态下的生活她算是愿意隐忍地坚持下去了。

后来我才开始反思，该骂的不是那个对她不好的男人，而是好友L。

但最最该骂的不是L，其实是我自己啊。

我无法站在自己的角度为她做出任何决定，谁也不可能是谁的救世主，每个人的人生本就不同，我不应该把自己认为对的那套价值观强加在她身上。她自己的人生无论对错，都得由她自己去丈量，去把握，谁也不可能代替她走完的。

我们总是说不要太过于干涉别人，也不要太过于在意别人的看法。但是有时候我们往往忽略一件事情，就是我们在表达对别人的关怀时，总学不会适当克制。

我们常常会忽略一件事，就是其实管别人的闲事，即便是好友的闲事，也是一件需要经过自我训练的事。我们不能遇到别人一倾诉，就开始不假思索滔滔不绝地反馈。

倾听能力是需要训练的，去听到别人的潜意识和潜台词，去提高自己的理解能力；揣摩到别人深层次更想要你支持她的东西，你能做的只是顺着这个逻辑支持就好，而不是推翻对方的，去强加你的价值观。

现在L依然有事没事给我发来一长段信息，跟我倾诉她的现状，但现在我开始变得理智，不再轻易给出回答和她做出决定了。

虽然有时她也会表达郁闷，以前我还会自责，但现在我开始学会弱化自己内心上的这份自责，我只是不断地提醒自己：不要轻易评价别人，更不要轻易为别人的人生指手画脚。

人和人之间的见识，经历，未来导向等种种本来就存在不同，我们总以为自己所认为的为朋友好的就是好，其实很多时候无非是自己的圣母心在作怪而已。

对于好友L的人生，换位思考一下，很多时候也许并不是她不想，而是她觉得条件真的不允许，什么时候合适分开，什么时候她能够承受，她内心上一定有自己的判断和衡量标准。作为朋友能做的最大限度的帮忙就是列出利弊，让她自己做最合适她的选择，一旦她做出了选择，无论好坏，我们也只能支持，仅此而已。

以前我觉得一个人多管闲事是因为从小的生长环境造就的，越是在农村，越是闭塞的村庄里越会存在这样的现象。

记得小的时候最喜欢放暑假，那时几乎家家户户都种水稻，每到夏季稻谷收割，外婆家就会格外热闹。因为邻居和亲戚都会过来帮忙，有的负责收割，有的负责拾稻穗，然后外婆会负责烧水和做一顿丰盛的大餐犒劳前来帮忙的人。

我问过我妈为什么大家都愿意无偿过来帮忙？记得我妈告诉我，家家户户都有稻谷要收割啊，等过几天别人家里要开始忙碌，这些人又会过去帮忙的，你帮我我帮你，生活才能顺利过下去啊！

当然农忙时候邻里之间的互相帮忙并不能算是一种多管闲事。但这种农耕时代里长久形成的互帮互助慢慢就衍生出了越来越多逾距越界的行为，大家在一边忙碌时，就能一边将家事对外透露得干净彻底。同住在一个大院，一条街道的几乎没有关起门来的秘密，生活中人人都可以是闲人马大姐。

但农耕时代逐渐过去，他们的生活环境和意识早已发生翻天覆地的变化。为什么生活中还是避免不了多管闲事的人，甚至很大部分人都普遍存在爱管闲事的心理？

记得以前看过一份心理调查，其中一个答案这样说，因为我们很多人并没有意识到每个人作为一个独立的个体是有边界的，人和人之间的交往是有边界的。

边界是心理学上的概念，有生理边界和心理边界之分。生理上的边界指人体的皮肤，皮肤之内是我们的肉身个体，皮肤之外是大环境，我们能够很快意识到自己的身体是否受到侵犯，对于自己的生理边界是清晰的，但对于心理边界却常常模糊不清。

心理边界不清的人自我界限建立就不完整，无法清楚了解自己与他人的空间是不一样的，因此就很难做到保护自己的心理空间不被侵犯，同时不侵犯别人的心理空间。

其实我们大部分人都存在心理边界不清。这是我们从孩提时，从妈妈那里就没有建立好的一种关系。我们从小和妈妈之间的天然纽带是心理距离，年龄越小，越没距离越依赖，随着年龄越大，距离越拉开。成长的过程也是这种距离不断拉开的过程。但很少人能够真正做到。

我们和妈妈之间和家人之间无法做到边界清楚，即便独立成立小家庭都是互相干涉，互管闲事。这种状况投射到相对应的人际交往中，比如亲密一些好朋友之间，认识的朋友和同事之间，就没有办法做到不互相干涉。

这一段心理学上的信息虽然枯燥，却也点醒了我，多管闲事这件事真的是家庭教养的问题，每个作为妈妈的人在陪伴孩子成长的过程中是需要有意去注重边界距离感的养成的。

要说这种边界距离感把握得很好的一个例子，是我在看小说《欢乐颂》的时候，尤其喜欢安迪与其他姑娘之间的相处方式。在小说第二季里，邱莹莹和喜欢的男孩应勤之间产生了情感问题，樊胜美首当其冲作为情感导师，关雎尔也时不时忍不住帮忙。但安迪不同。

小说里有一段安迪的话我很喜欢，她说："两个成年人，我们作为朋友，尊重他们的价值观，遇到不同意见，我们提醒，但不插手，但我们必然在他们困难的时候提供适当援助。只能如此。"

"看着小邱走错路也不管？"

"不管。许多干涉都是打着关心和爱的旗号。"

"现在是小邱面临崩溃。"

安迪耸耸肩："成年人需要为自己的选择承担后果。"

这样的安迪换作在生活中存在，以前我也会认为她是不是有点冷血了，对于朋友之间的界限过于刻意保持距离了，反而让人觉得没有人情味。

但现在我越发觉得这相反才更是一种恰当合理的朋友间的界限。每个人有每个人的人生之路要体验，我们不能贸然去剥夺，更不能以为对方好的名义去绑架。不多管闲事，不贸然干涉和评价他人的生活，是对每个人最起码的尊重，也是对自己的人生最好的负责。

就像小说《偷影子的人》里有段话："你不能干涉别人的人生，就算是为了对方好。这是他的人生，只有他一个人能决定他的人生。你必须顺应事实，放手成长，你没有必要医治好在成长路上与你擦肩而过的每个人，即使你成为最顶尖的医生，也做不到这样。"

我们更要提醒自己的是：我们每个人要过好自己的人生已经都要全力以赴了，哪里还有资格干涉别人的人生。

最好的教养是不多管闲事，最好的人生是过好自己的人生。

唯有如此。

朋友之间有些话 并不需要说那么透

[1]

两个亲密的人，总是会不自觉地想要干涉对方。并且自认为自己是为对方好的。虽然你是一片真心，但是也不能够去干涉对方的生活。

以前每次和好朋友心心一起去逛街，心心总是喜欢买很多东西。但是她每次买回去都很少用，基本就荒废在那里了（我认为是这样的）。所以每次我们两个人一起逛街，基本她要买的东西我都在旁边啰唆很久，告诉她那些其实压根不用买的。

每次开始她都坚持自己的意思，拿起那些东西就要去付款。而我总是拖着她，一遍又一遍的给她讲道理，想让她不用买那些我认为没有用的东西。有时候她会听我的，有时候她会很不耐烦地告诉我，她想买就买，又不是花我的钱，我那么啰唆干吗？

我一听就生气了，因为我内心认为我自己是为她好的，觉得她总是乱花钱买一些无用的东西，而在她自己的饮食上面很不注重，经常把钱花完了，才开始吃一些没营养的东西。

而我总觉得我们是好朋友，我有那个责任去督促她照顾好自己的身体，所以就总是做一些啰嗦、吃力不讨好的事情。

而后很长一段时间，心心都不在找我一起去逛街了，一次在街上遇见，我问她为什么最近都不约我了。心心说，她不愿意每次去买东西，我总是在旁边啰唆大半天，干涉她、什么都不让她买。所以她就找别人跟她一起去了。听完我还瘪瘪嘴，认为她不懂我的好心。

[2]

直到后面我也到了喜欢乱买东西，乱花钱的时候，我身边的好友小美，也是和我以前一样的状态。基本我买什么她都可以事先找好理由来告诉我，这个东西别买，因为你并不是很需要它。

刚开始我还可以接受她的好心建议，时间久了，我也和心心一样了，逛街也不怎么想和小美出去了。我怕每次我想买的东西，都被小美给的理由所折服，最后没有买。

没有买，我的内心是不怎么高兴的。但是又觉得小美说的没错，那个东西我可能是因为喜欢，但是并不实用。"不要浪费钱去买那些没用的东西。"小美的话回响在耳边。

有段时间喜欢买一些首饰或是装饰品。虽然确实不算实用，但是好看啊。所以我几次三番地想要买，小美觉得没必要。最后我告诉她不要再干涉我的决定了，我喜欢什么我自己最清楚。

我内心知道这些东西其实没有什么特别的用处，但是我喜欢，喜欢就足够了。而后一段时间小美就不大搭理我了，可能也觉得我不识她的好心。就跟我之前对待心心的感觉一样！在此时我才明白我之前有多么的霸道，自私。

打着为对方好的旗号，干涉对方的自由，不断地去勉强别人做不想做的事情。还自认为自己是对方的好友，所以不断地去督促对方。其实自己压根没认清自己的身份，朋友间也需要尊重对方，不干涉对方的意愿。

[3]

想起认识的人中有一个特别霸道的人，她认为自己不需要的东西就是别人不需要的。还以好朋友的身份去干涉朋友的选择，朋友不听她的话，还不断地嘲讽朋友。

A是我在刚出校门实习时认识的人，她和我是同事。我们都是住在公司的宿舍里，但是我和她不是同一间宿舍的。A的宿舍住了三个人，A和A的好友B还有一个同事C，他们三人睡在1张床。

到了夏天很热，B觉得三人睡一起太热了。就建议说要买张床来睡，A一听就说："买什么床啊，浪费钱，拿块木板放地上不就能睡了吗？"B说："木板怎么睡啊，而且放木板在房间里也不方便啊，我自己出钱买一张床就可以了。"

A一听就炸毛了："你还真有钱啊，那你买床去客厅那里睡把。"B过后和我讲："客厅那里怎么能睡呢，没风扇没空调的，而且宿舍里又不是只有住我们几个人，别人进来看见也不好。A还说让我睡木板，木板谁去睡啊。"B说完深深地叹口气。

之后这件事就这样不了了之了，值得一提的是，A和B是发小，从小长大的那种好朋友。不过B每次都被A气得跳脚，但又因为知道对方就是那样的人，舍不得花钱，总是想攒钱，没其他的坏心思，才一直忍着。

[4]

而后一次A和B在公司大吵，说起来大吵也不算，因为一直只有A在训着B，B默默地收拾自己的东西不吭声。

我八卦的去问其他同事怎么回事，原来是B最近一直上夜班，用她们宿舍的电饭锅煮东西总是没保温，她那个电饭锅坏了，所以等她下班要吃东西，发现那些东西都凉了。所以她和A说买个新的来，A觉得浪费钱，没必要在花钱，现在这个可以用先用着。

　　而B没听她的，直接从网上买了个新的寄到公司了。B刚打开包装，A一看就直接开讽了："你这么有钱啊，明明宿舍有个还买新的。既然买了新的，宿舍还缺个煤气灶你一起买吧，还有油烟机你也一并买了吧，反正你都要买新的，干脆买全套。"

　　B一听气的把刚拆开的电饭锅又从新包起来，直接退货了。过程中她一句话都没有说，也不看A。过了好几天我问B："不觉得A总是干涉你，约束你做事吗？"

　　B一脸无奈地说："没办法，A的性格就那样。总是想省钱，不想乱花钱。可能也是不想要我买新的，到时她没出钱不好意思用我的把。毕竟她家庭条件不好，她没什么生活费。可是虽然我理解她的态度，但是有时也很生气。我不想大半夜吃凉的东西，所以才买的新的。可是她不支持就只能这样了。

　　"A总是把她自认为对的，好的，用在我的身上，不顾我的意愿与想法。可能两个人太熟悉了，就会想要干涉控制对方把。她的做法让我一度想要逃离，可是只要一想起来，她身边没有其他朋友，只有我了，我就又忍住了。"

　　B无疑是善良的，她不忍放弃好友，又经受不住好友的干涉，最后只能让自己受折磨。而我想A之所以没有其他朋友，无疑不是因为她对朋友间的界限没有拿捏好，不懂虽然是很好很好的朋友，但是也要有所距离。

　　并不是好朋友就可以干涉对方的生活，并不是好朋友就可以代替朋友选择，并不是好朋友就可以勉强对方听从自己的意见。

　　以前的我也不懂把握朋友间的距离，直到我看了《偷影子的人》这本书的这段话："你不能这样干涉别人的人生，就算是为了对方好。这是他的人生，而只有他一个人能决定他的人生。"

才瞬间醒悟之前的自己多讨人嫌，肆意干涉朋友的决定，不尊重朋友的选择，才让朋友远离我。

我们不能以好朋友之名，为她好之意，干涉对方的人生。好朋友间也应该有距离的，才能让彼此得以自由成长，更应该有尊重，尊重对方的选择与意愿，才能更好地一起往前走。

学会在自我身上找问题

作为同一个办公室的同事，陶姐和珍姐像地球的南北极，小到一张纸片大小的事儿，都会持不同观点。

工作出了错，被扣了工资，陶姐肯定要在办公室大发脾气，指桑骂槐地挖苦同事："要不是你们不好好合作，要不是你们自私自利，要不是某某提供数据不准确，我怎么可能出错？"

晚上不加班，被领导批评，陶姐也是牢骚满腹："没办法，家里孩子需要照顾，谁家没孩子啊，领导也太不近人情了。一个女人又要顾家又要顾工作，你说容易吗？一个班不加而已，有什么大不了？"

有一次，陶姐因为工作出错，害的公司损失了一个大客户。结果，整个部门的奖金都没了，部门领导还受了连带责任。当然，陶姐受的处分最重，不仅停了两个月薪，还被通报批评。

本来这个单做得很不容易，大家累死累活的，最后因为一个人的工作出错，害得所有人跟着受罚，心里都很不舒服。谁知道，陶姐比任何人都更不舒服，总是在同事面前愤愤地说："就是这么点儿错，公司就如此重罚，真是太不把员工当人了！领导也真是的，居然不帮忙说话，任由公司这么罚我。"

领导面前，陶姐更是委屈，把所有同事都投诉一番："要不是小张那么晚才给我数据，我也不会匆匆忙忙出错，我还把报表给小李看过，他居然不告诉我有错，这些人，都想着自己立功，没有一点团队意识！"

和陶桃比起来，珍姐遇到事情的态度就完全不一样。

新来的员工居然比她这个老员工业绩好，领导拿着新员工的业绩找她谈话，实际上，就是委婉提醒她，要努力。她幽默地说："真是长江推前浪啊，前浪不想死在沙滩上，就得加速奔跑！"她不但没怪新员工爱表现，还总是表示，是自己努力不够，并且还向新员工请教过问题呢，让那位新员工受宠若惊。

和同事有些小矛盾，她也从来不在背后说人家坏话。有人提起，她会一脸真诚地说："那天也是我心情不好，说话不好听，其实不怪小王的。"她还主动给小王买了早餐，弄得小王很不好意思，两个人就这么尽释前嫌。

有一次，同事张美请假，就请珍姐帮忙代理一下工作。因为张美走得匆忙，很多事情没有交代清楚，结果，珍姐在代理工作期间，就出了一些错。公司的罚单也很快下来，受罚的人，自然是项目负责人张美。

张美一上班，就接到从天而降的罚单，被砸得晕头转向，得知是珍姐代理期间出的错，她更觉得自己冤枉，就找到领导，希望这次不要受罚。领导觉得，不管工作是谁代理的，张美是负责人，就该受罚。

两方僵持不下时，珍姐主动出来承担了责任，她对领导说，工作是她做的，虽然是代理，但错了就是错了，就应该受罚。她还找到张美，向张美道歉，因为自己的粗心，给张美工作带来了困扰，她感到非常抱歉。

无论出了什么事，陶姐总是习惯把责任推给别人，总是牢骚满腹，抱怨不断，好像全世界的人都负了她。即使明明是自己的错，她也从来不肯检讨。久而久之，大家都离陶姐远远地，生怕沾上她，陶姐慢慢被同事孤立，成了职场上永远原地踏步的"边缘人"。

而珍姐却恰恰相反，无论出了什么事，她总是先在自己身上找原因，并且勇于承担。她觉得，出了事，一定是自己做得不够好，只要下次注意，就一定可以避免同样的错误再犯。结果，珍姐不仅赢得了好人缘，工作技能还越来越强，没多久，就升为部门主管。

网络上有一个热词，叫"怪我咯"，这个词来源于一部动漫，当出了事情被人怪罪时，那个人总会一脸真诚地说："怪我咯"，"都是我的错"。现在，很多人用这个词来调侃。

这个词之所以如此火，可能就是因为，生活中，敢于说"怪我咯"的人太少了。出了事情，大家总是喜欢互相推诿。推掉责任，或许会得到一时的轻松，但一定会让你失去好人缘，失去上升的空间。如果我们肯多说一句"怪我咯"，从自己身上找原因，不仅会让自己得到提升，也一定会成为让别人敬佩的人。

不是一个圈子
又何必强挤进去

[1]

小杨是公司的一个新人，脾气特别好，我挺喜欢和她相处的。

有天她问我为什么自己总感觉不被同事们重视啊？

我说："不至于吧，你性格挺好的呀，别人干吗不待见你？"

细问才知道，小杨是个特别没主见的人，只要别人说好，她从来都不说一个"不"字儿。

每回开会该她发表意见的时候，她从来都是同意，随波逐流，啥有营养的话都说不出来。

后来别人就干脆不问她了，她觉得自己很受伤。

我问她为什么不敢说出自己的想法，她觉得合群很重要，万一说了什么话惹别人不痛快就不好了。

我哭笑不得，该你说话的时候就要说，有想法就要表达啊，合群不代表你就没有发表看法的资格了，表达自己的意见有时候比合群更重要。

想要别人看重你，首先你要看重你自己。合群不是让你放弃自我，合群只是一种形式，一种做法，但不是你与人交往最核心的本质。人际交往里重要的是你这人值不值得交。

[2]

老张是我认识的一个在哪儿都特别吃得开的人。

无论是年纪比他大的大叔，还是年纪比他小的鲜肉，没有谁觉得他不好相处。

其实他并不是一个好说话的人，原则性的问题一定不讲情面，内心有想法也肯定会表达。

有次我问他："你说话那么犀利就不怕别人背后给你穿小鞋，使绊子？"

他说："不怕啊，让他们来，被人说坏话，起码他们还惦记你，你要是一点态度都表现不出来，人家肯定也不在乎你。况且，要是真有人背后插刀子倒好了，我还能看清楚什么人应该交，什么人不该交。"

说起来，言辞犀利并不代表没有礼貌，老张不管说出来的观点多犀利，都一定是以一种探讨的口吻去说。你有你的道理，我尊重你，我有我的观点，我会好好说。

有的人说我观点就是这么独到，你不同意你憋着，最后往往都会越说嗓门越大，直到吵起来。

有个性是好事，但也要用友善的方式去表达个性，不管你合不合群，好好说话的人怎么着也不会招人嫌。

[3]

我是一个非常喜欢抒发自己观点的人，很多人都觉得我太辛辣，不好交往。

我记得有一次项目出了问题，我作为实际的协调和推进人，夹在甲乙双方之间特别难受。

有一次，领导们想解决这个进展不顺的问题，于是召集我们开会。会上他们提出了一堆不够成熟的方案，觉得只要我按这个方式走，就一定没问题。

同事们纷纷叫好，可实际操作人是我，我一听这个方案，依样画葫芦的话，项目肯定完蛋，于是斗胆站出来唱了个反调。

同事听完我的意见，偷偷把我拉到一边，说："你胆子怎么这么大？主管说的话你都敢反对？照做不完事儿了？"

我说："我也不是反对，只是，既然只有我在推进这个项目，我才知道可不可行啊。假如到时项目还是做不下去，这个会不是白开了，到时责任算谁的？与其随波逐流的合群，投赞成票，不如好好想想这件事情到底对工作有没有好处。"

幸好，我的领导很愿意听别人的意见，这件事情圆满解决。

有人说，假如领导没那么通情达理呢？

我想说，那你就应该好好考虑这份工作对你合不合适了。

有时候，你没有目的的合群只是在损耗你自己的利益，当你反应过来自己为了所谓的要跟大家意见统一反而吃了那么多亏的时候，事情往往已经不可挽回了。

该坚持的时候就不要想着合群了。话又说回来，真正在乎你的人总是会挺你的，这跟合不合群有什么关系？

[4]

我非常喜欢用餐桌礼仪来考量一个人值不值得深交，其实从点菜就看出来了。

有的人只点自己喜欢吃的，让其他人没法儿下筷子，太自我。叫你别客气吧，你还真就一点都不想着别人了。

有的人总是说随便，啥都可以，要真啥都吃也就算了，偏偏菜一上从来不动筷子，太合群。说你客气吧，别人看着也难受。

我们最常采用的方式就是，大家投票定一个都能接受的菜系，到地儿了一人点一个菜，都能吃都开心。

前几天和朋友出去吃饭，点菜的时候，一个人说："我只爱吃素的。"另一个人说："我无肉不欢。"

有朋友笑称："你们该彼此拉黑，频道都不一样。"

结果俩人默契地说：这才好呢，我们不会互相抢食儿，都能吃饱。

与人交往就跟这个吃饭是一样的，能在一个桌子上吃饭，叫作合群；能各自吃上喜欢的食物，这叫舒坦。

最好的状态不正应该是这样吗？要是为了所谓的合群难受了自己，这才真的得不偿失。

[5]

韩寒的《后会无期》里有这样一句："听过很多道理却依然过不好这一生。"

这句话其实真的很容易理解，我们太习惯于去接受别人给你的东西，习惯于合群，习惯于觉得大家认为好的东西就一定好。

假如我们因为要合群、要跟大家一样，而忘记了独立思考的重要性，你的生活一定会是一团乱麻。

被别人所左右的思想，难道真的能让你过好这一生吗？

恐怕很难。

孔子说："君子群而不党，周而不比。"

我合群，我更要有独立的空间和思考。

为别人着想是一种宝贵的品质，可为自己着想更是一种人生的修养。

我愿意做个合群的人，但也请原谅我，不想"太合群"。

别让你的唠唠叨叨坏了你的好意

前段时间夏天跟我说："兔子，我身边出现了一个怪现象。"

我很好奇，以为是她看见外星人，或是遇上蜘蛛侠，再或者是碰上大水怪了。

当我脑补了许多精彩画面后，她有点忧伤地告诉我，她室友之间的气氛很古怪。

她的室友小A非常努力，为了自己能有更好的未来总是早出晚归，辛苦奔波。但室友小B却恰恰相反，她更喜欢待在寝室看看韩剧，过过自己的小日子，也觉得无比幸福快乐。

但是小A受不了小B那么堕落，觉得那样的生活没有出息，于是便开始痛心疾首地批判小B。

小B自然是很不开心，两个人虽然没有争论，但把寝室里的人都弄得很不爽快。

夏天说，虽然知道小A是出于好意，但她也不喜欢这样的感觉。每个人都有自己适合的生活方式，也许你想要的优秀，别人不一定想要。

如果把你认为是正确的价值观，硬生生套在和你价值观相左的人身上，一定会出现不融合的现象。有时就算是出于好意，也会弄巧成拙。

更何况，真正的好意，不是硬生生地指责和批判，而是在她有需要的时候帮助她。

也许有一天小B会突然想要努力拼搏，那么小A就可以把自己的经验分享给她，帮她占座位，带她一起学习。

而不是逞一时的英雄，当所有人的楷模。

其实小A和当年的我很像，而处在小B角色中的那个人却是我多年的闺蜜孟瑶。

大学时孟瑶读的是国内外联合培养的国际金融专业，班级里大多数人只要语言成绩通过，大二申请就可以出国交流。

大一那年寒假，她为了准备雅思考试，连我们的闺蜜聚会也没参加。

我一直以为她会去欧洲，去看看更广阔的世界，去享受不一样的生活姿态，认识更多的人。可是她最后却放弃了。

听到这个消息，我立马就从图书馆跑出来拨通了她的电话。

我说："你怎么就放弃了？你语言考试都过了，就只差写一些申请材料，处理一些杂事就可以了，再说你们班一半的人都出去了，那么好的机会，你到底在犹豫什么？"

她在电话那头沉默了很久，而我继续不停地找出理由说服她。

我已经记不清她回了哪些话，可我却记得她最后说的那些话："小墨，我问了刚交流回来的师姐，国外的生活没有想象中那么好。我不是你，为了看到不一样的生活愿意吃苦耐劳，我就只想简单快乐地读完大学，然后找份工作，嫁人生子。

"还有，我从来没有说过出国读书是我的梦想，那是你的。"

那时昆明的五月还很凉，我就站在空旷的红土高坡上，穿着一身单衣在寒风里瑟瑟发抖。

气氛有点尴尬。我放低声音说："我也是为你好，不希望你未来不会后悔。"

因为是多年好友，就算说了一些刺痛人心的话，也会很快柔和过去。

她说："我知道你是为我好，但我也谨慎考虑过了，我这个人没有什么理想，也不想自己那么辛苦，我就想过舒坦的日子，一想到出国之后要想家，还要适应环境，还是觉得不适合我。"

其实孟瑶一直是我们几个女孩中最温和的人，她喜欢简单的生活，不喜欢冒险，也很害怕孤单。

但这样的女孩，也很清楚自己想要什么样的生活，然后懂得取舍去实现这样的生活状态。

就好比现在，孟瑶毕业后回了老家，在一家银行工作，相亲认识了她此生挚爱。明年元旦我就要当伴娘参加她的婚礼，而前段时间刚听她说，我可能要当干妈了。

一切都来得不能再好了，曾经我眼里的错失机会也没有让她错失幸福。

因为每个人都是独立的个体，而每个人都用自己独特的生活方式让幸福降临。有时我眼中的机会和拼搏，不一定是她所需要的，她自有方法去释放她的精彩。

而我所需要做的是，在她孤单难过的时候陪伴她，在她失意落寞的时候鼓励她，在她幸福快乐的时候祝福她。

这才是真正的好意。

不知道你有没有发现一个怪现象：身边的人如果想要劝你做一件事，他的开场白一定是"你听我说，我是为你好，你要怎么怎么……"

但很多时候，他这样说可能并没有完全站在你的角度去想，而是一股脑儿把自己的三观套在你头上，恨不得把你直接变成另一个他，又或者，变成当初他不能成为的人。

昨天羽儿打电话给我，跟我抱怨她妈妈又催她找男友。

这真是我们这个年纪的忧伤，也是那些曾经被夸过的乖孩子难以言说的苦楚。

我很赞同韩寒说的那句："中国的特殊情况是，很多家长不允许学生谈恋爱，甚至在大学都有很多家长反对恋爱，但等到大学一毕业，所有家长都希望马上从天上掉下来一个各方面都很优秀而且最好有一套房子的人和自己的儿女恋爱，而且要结婚。"

想的很美啊。

我跟羽儿说，她怎么当初你大一的时候还劝你要好好读书，你毕业才一年，刚要为了生存打拼，她却劝你别那么努力，别那么辛苦，别那么要强，嫁个男人依靠才是根本。

到头来，还是她自己的观点，却没问一声，囡囡，你想要什么？

其实我知道羽儿想要什么。

她曾经是人人口中称赞的好姑娘，乖孩子，以前刻苦读书，是村子里唯一的女大学生，现在努力工作，经常回家看望母亲。

让我印象深刻的是，她曾经因为没有考上教师编制，就被村子里的人说长道短，人情凉薄，却也让她坚定自己的想法去大城市闯荡。

她不是不想谈恋爱，而是当曾经强迫她不谈恋爱，和男生交谈就会被认为是早恋的这个社会舆论一下子对她开放时，她有点惊慌失措。

她说："小墨，除了高中诗社里的那两个男生，我没有什么异性朋友。我听了我妈的话去相亲，可是这种方式让我很厌恶，我甚至开始厌恶起自己的无能。

"我不排斥恋爱，可我排斥太有目的性的婚姻恋爱。

"我知道我妈是出于好意，希望能有个人照顾我，而我在脆弱的时候也会有这种想法。但是，我真的不能强迫自己随便找个人嫁了，我不想让自己变成传承后代的工具。"

我听到电话那头她的声音有些哽咽，心绪也开始不宁起来。

我一直很不明白的是，为什么同样是独立的生命个体，却偏要把自己认为好的东西也要让别人认为是好的呢？

为什么我们总想把自己实现不了的自认为的好东西，强迫别人去实现呢？

为什么我们身边总是有那么多人喜欢打着"为你好"的幌子，却不顾你真正想要的东西呢？

也许是想凸显自己的特别，希望自己能成为别人的榜样。

也许正因为自己实现不了，如果你爱的人实现了，那也算是有个盼头。

又或许你只是想把原本自己承担的舆论责任交托给另一个人身上，你总算是完成了这一生的使命。

可这女人一定得结婚生子的使命到底是谁赋予的？你有没有问问自己。

我没问，也无从追溯答案。

我只知道的是，虽然所有的好意都值得被感谢，但并不是所有的好意都值得被接受。当好意来临的时候，先问问自己，你需不需要。

如果需要，请感恩，如果不需要，请勇敢地拒绝。

也希望未来的我不要成为烂施好意的人。

不该说的话
就不要追着去说

你抱怨生活不如意的同时却没付诸行动去改变，你想获得更多的优待和报偿，凭什么？

[1]

几个十分要好的同事吃完饭聊天，本来很开心。

突然有人问："唉，你工资多少？"

"额……"

被问者显得有些拘谨，尽管不太愿意聊这个话题，但见对方是新人，一脸真诚的样子，半推半就还是说了。

围观者惊呼。随即大家就工作问题侃侃而谈，福利怎么样，年终奖怎么样，未来前景怎么样……兜了一圈发现任何一项不如别的公司。总而言之：我们公司最烂。

而后各自陷入沉默。

[2]

刚毕业那年，我也对别人的工资充满好奇。

最主要的原因是自己工资太低。每个月除了房租与饭钱就所剩无几，买任何东西都会不由自主地考虑一个问题：这个月钱够不够用？

与此同时，基本上每天都加班到晚上七八点，再坐公车回家，钻进楼下的快餐店吃个饭就十点半了。连看电影都提不起兴趣，倒头就睡。

同部门的老员工常对我呼来唤去，一些"无主"的任务就像认干爹一样被摊派到我身上。那时，我觉得我是这个部门最忙的人，强烈地觉得自己的付出与回报不相匹配。

每次慌慌张张地进出办公室，都能看见那些慢悠悠泡花茶的，嚼着口香糖整理桌面的，高跷二郎腿叼着烟玩鼠标的……心中升起一股淡淡的戾气。

[3]

有天中午吃饭，我有意无意地的问了一位同事关于工资的事。这个男孩比我早来两个月，尽管不是一个组里的，但都因为我们都喜欢打球，所以工作之余接触比较频繁。

结果自然是我很不开心。

不仅因为他工资比我高，问题的关键在于他比我还低一届，只是个实习生。进而我认为公司在待遇上是不公平的。你要说他做的事情比我的重要，或者他的才能完全在我之上的话，我心服口服。但好像也没有啊，从我和他对接的工作上看，他所做的事情我一样能做。

不过，我从未在公开场合表露过我的不满。

其实，那时的我喜欢刷空间。傍晚的红色夕阳，清晨绿色的人行道树，一有啥鸡毛蒜皮的事情都要在空间里感慨一下。但关于工作的事情，我绝口不提。偶尔提到，也仅仅只是表达一下今天很累，鼓励自己坚持，云云。

我认真地分析了一下，自己做的事情虽然很多、很杂，但确确实实不够重要。一个公司为什么要在不重要的岗位上耗费更多的人力成本呢？除非你成为更重要的人，做更重要的事。

一想到这儿，我也就不那么愤懑了。

依然每天上班下班，极少迟到，尽最大的努力完成手头的每一个任务。基本上每个月都能拿到一百块的全勤奖，甚至还有一次被提名优秀员工，虽然最后没能"晋级"，却也让我高兴了一阵。

起码，我的努力有人在看。

[4]

在我转正后的第二个月，月中发工资的时候我发现卡上钱竟然多了一千块。一千块钱，至少房租解决了，心里的高兴自不必说。

第一次有些疑惑，是不是财务搞错了。但接下来的每个月也是按这个标准发的，也就习以为常了。偌大一个公司，扣钱不通知也就算了，连加工资也不说一声，也是醉了。

这就更加印证了我之前的想法是对的：要想拿更高的薪水，那就让自己成为更重要的人，去做更重要的事。

但后来的经历并未如我所愿。

因为，在一个体系庞大的公司里，一旦你被固定在某个岗位上，那么你所接触到的大多数事情都是岗位相关的，尤其是辅助性岗位，它或许不可或缺，却永远不可能占据主导。

因而，在"做更重要的事"的路上，我受挫了。

一年之后，我选择了离开。

[5]

当我立志成为一个"更重要的人"以后，我就不那么在意几百块的差距了。

我知道自己还有很多需要去弥补的地方，而我的工作又恰好能够补足我的短板，而不至于让我过于窘迫，还有什么好抱怨的呢？

关键是，我知道抱怨没有用，所以也就不做无用功了。

就像从前的我，喜欢对国家大事高谈阔论。随着年龄的增长，我渐渐发现这些高谈阔论没什么时候意义的事实，也就失去了评头论足的兴致。这是一样的道理。

因为你不重要，所以你说的话也不重要。

再说一个例子。我接触到的一位创业者，当年创业的时候，四处找钱都遭冷眼，申请一个政府补贴项目被排除。后来死撑硬扛坚持了下来，如今投资人追着给他钱，上个月政府主动找上门，给他补贴五百万。一时间，他的项目成了本市着力扶持的优秀创业典范。

世事就是这样，你想要的，软磨硬泡求而不得；你不需要的，生拉硬扯强塞给你。一方面确实是因为你变得更重要了，另一方面，其实是因为你有了更大的用处。

[6]

我并不是想怂恿你用理想麻痹自己，说钱不重要、工资不重要。

你这么辛苦地工作，不就是为了工资、为了钱吗？我们都需要用钱养活自己。但是，在你人生中的很长一段时间，你必须承认，你并不具备让自己活得逍遥自在、挥金如土的能力。当然，"富二代"例外。

有人工资比你高，那是因为别人学校比你好啊；有人工资比你高，那是因为别人有技术有本事啊；有人工资比你高，那是因为别人做事优秀啊；有人工资比你高，那是因为别人会讨老板欢心啊……你有什么？

你只会对着电脑刷微博，刷完微博打开手机刷朋友圈，刷完朋友圈去休息区蹭点下午茶，吃饱了发现微信群里老板交代了个任务赶紧回个"好的"，磨磨蹭蹭处理完又不知所措了……

就这样，每份工作干个一年半载换一家公司。干的事情差不多，牢骚从来没断过。

你抱怨生活不如意的同时却没付诸行动去改变，你想获得更多的优待和报偿，凭什么？

[7]

一位前辈告诉我说，在他工作的六年中，从来没向老板提过加薪的事。但整个部门里，数他的工资涨得最快。每次都是老板主动找他谈话，要给他提薪。第七年的时候，他毅然决定辞职创业。老板极力挽留，就是开出工资翻倍的条件，他还是辞职了。因为他觉得自己可以不用靠打工维持生活了。他要让别人为他打工。

从薪水的角度讲，他一直是同龄人中的翘楚。但他从不在朋友间谈论工资的事。他说：

"为什么要去谈这个伤人的话题呢？他工资比你高，你不开心；你工资比他高，他不开心。你不开心了，他也没法开心，他不开心了，你也没法开心。大家都不提，皆大欢喜，不好吗？"

想想也是。

别人的工资多少，你知道了又怎样？老板又不会根据别人的工资来确定你的工资。需要根据别人的情况来确定的，是"最低工资标准"。毕竟，一个公司是根据岗位来定薪的，既然工资低，那就选一个薪水更高的岗位呗。

如果不能有更好的岗位，那是不是应该让自己再"深造"一下？就是买本书先充充电，也不错啊。相信到一定火候，你一定能够胜任薪水更丰厚的岗位。但在此之前，是不是要把手头的工作先做好呢？

毕竟，抱怨没用，知道了别人的工资也没用。

如果你真的做得很好，工资却不见涨，那么，你尽可以离开这个公司，因为这不是你的问题，是公司的问题；如果你做的确实很烂，工资也不见涨，那么，没开掉就是你的幸运，因为这不是公司的问题，是你的问题。

当你修炼成佛了，你不满足于自己的小庙，那去大庙啊。眼神好的住持一定会给你一个更尊贵的位置的。而当你只是一个小和尚，还是省省吧，练功才是现在你最紧迫该去做的。